Inhalt

Kräuter & Gewürze

Zie
Geh

Mit Lavendel, Pfefferminze und einer schönen Tasse Tee können Sie nach einem stressigen Tag abschalten.

Zaubernuss, Winter-Schneeball und Schneeforsythie vertreiben mit ihren duftenden Blüten den Winterblues ganz bestimmt.

Einfach dufte!

Und können Sie den Lavendel schon riechen? Das Bild allein reicht schon aus, und unser Duftzentrum im Gehirn, das sogenannte Riechhirn, erinnert sich an die Zusammensetzung des Duftes „Lavendel“. Oder wenigstens an die beiden Hauptkomponenten Linalool und Campher, die die süß-blumige Duftnote des Lavendels ausmachen.

Lavendel ist meine Lieblingsduftpflanze, noch vor Flieder und Rose. Ich kann mich gar nicht „sattriechen“ an seinem herrlichen Duft. Im Sommer steht er in Schnupperhöhe auf Balkonien, im Winter hole ich mir den Lavendelduft mit den getrockneten Blüten ins Haus. Nicht nur die Blüten, auch die Lavendelblätter stecken voller Aroma, das gut Rosmarin und Thymian in Fleischgerichten ersetzen kann. Woran denken Sie, wenn Sie Lavendel riechen? An etwas Schönes? An die Provence, den frischen Duft in Omas Wäscheschrank? Oder gehören Sie zu den Menschen, die Lavendelduft gar nicht mögen? Düfte sind eng mit Erinnerungen verknüpft und werden von jedem anders empfunden. Denn das Riechhirn ist mit dem limbischen System verbunden, dem Sitz unserer Gefühle.

Lehnen Sie sich zurück und genießen Sie die kleine Reise durch einen duftenden Garten. Vielleicht finden Sie ja ihren Favoriten auch darunter.

Die zarten, duftenden Maiglöckchen werden im Frühjahr an beinahe jeder Straßenecke verkauft. Wer die Frühlingsboten nicht im eigenen Garten hat, kauft sich voll Vorfreude auf den sinnlichen Duft ein kleines Sträußchen für die Vase. Lange Zeit galt Maiglöckchenduft als altmodisch. Doch heute ist er wieder modern und findet sich als Kopfnote in einigen Parfüms wieder.

Vertrauen Sie beim Kauf von Duftpflanzen Ihrer Nase. Sie entscheidet, was Ihnen duftet und was nicht.

Stauden & Sommerblumen

Frühlingserwachen

Sie sind für ihren im wahrsten Sinne des Wortes umwerfenden Duft berühmt: die Hyazinthen (*Hyacinthus orientalis*). Acetylaldehyd und Hydratropaldehyd, zwei Komponenten des Hyazinthenöls, versetzten die Menschen so in Entzücken, dass die Hyazinthen im 17. Jahrhundert fast so teuer waren wie die Tulpenzwiebeln. Fast dekadent erscheint da, dass Madame de Pompadour 1759 über 200 Hyazinthenzwiebeln auf Gläsern vortreiben ließ.

▸ **Schon eine einzige Hyazinthe** erfüllt einen Raum mit ihrem Duft. Sehr intensiv duften 'Delft Blue' und 'Blue Star'. Mittelstarke Dufter sind 'Atlantic' und 'Splendid Cornelia'.

▸ **Schwach duftende Sorten** sind 'White Pearl', 'Pink Pearl', 'Jan Bos' und 'Purple Sensation'.

▸ **Zwiebeln im Herbst** in kleinen Gruppen etwa 15 cm tief pflanzen. Die Blüten öffnen sich ab April.

▸ **Tipp:** Auf Wasser getriebene Zwiebeln verausgaben sich zu sehr. Sie in den Garten zu verpflanzen, lohnt selten. Sie bringen keine oder nur eine spärliche Blüte.

Hyazinthen *blühen in pastelligen und dunklen, kräftigen Tönen.*

SMART

Hyazinthen vortreiben

Auf einem Hyazinthenglas geht es ganz leicht.

› **Bis sich die ersten Wurzeln zeigen,** stehen die Zwiebeln in einem kühlen, dunklen Raum.

› **Dann dürfen sie ans Licht,** mit einem Papierhütchen zum Schutz.

› **Sobald die Triebe** das Hütchen anheben, werden auch wärmere Temperaturen vertragen.

Tulpen & Narzissen

„Die duftet ja!" Die Überraschung ist groß, wenn sich die Nase einer Tulpe oder Narzisse nähert und es angenehm duftet. Und es ist schon etwas Besonderes, denn nicht alle Tulpen und Narzissen duften. Tulpen haben einen etwas herben Duft. Bei der Weinberg-Tulpe (*Tulipa sylvestris*) und bei Wildtulpen, darunter die Zweiblütige Tulpe (*T. biflora*), kommt eine süßliche Note hinzu. Narzissen, allen voran die Dichter-Narzissen (*Narcissus poeticus*), duften leicht würzig. Doch Vorsicht, nicht alle Narzissen sind Duftwunder! Einige riechen etwas streng, z. B. die Sorte 'Bridal Crown'.

▸ **Narzissen mit Duft** sind unter anderem 'Thalia' (weiß), 'Actaea' (weiß-orange), 'Sempre Avanti' (weiß-orange), 'Velasquez' (weiß-orange), 'Irene Copeland' (weiß-gelb, gefüllt), 'Pipit' (gelb, niedrig), 'Suzy' (gelb-orange), 'Smiling Twin' (hellgelb), 'Minnow' (cremegelb) 'Tripartite' (gelb, mehrblütig) und 'Baby Moon' (gelb).

▸ **Diese Tulpensorten duften:** 'Ad Rem' (orange), 'Monsella' (rot-gelb geflammt, gefüllt), 'Irene' (orange-lila geflammt), 'Apricot Beauty' (lachsrosa), 'Abba' (rot, gefüllt), 'Ballerina' (orange-rot) und 'Monte Carlo' (gelb, gefüllt).

▸ **Gepflanzt wird** im Herbst, Narzissen etwa 15 bis 20 cm, Tulpen etwa 10 cm tief. Frühe Narzissensorten blühen schon im März, späte Narzissen- und Tulpensorten bis Ende Mai.

▸ **Narzissenduft zur Weihnachtszeit:** Etwa vier Wochen vor Weihnachten werden Weihnachtsnarzissen oder Tazetten (*N. tazetta*, *N. papyraceus*) auf einem Bett aus Kieselsteinen in einer flachen Wasserschale oder in Glasgefäßen vorgetrieben.

Im Garten dürfen die etwas altmodischen Levkojen nicht fehlen.

Licht und Temperatur werden so gesteuert wie bei den Hyazinthen.

Tanz in den Mai

▸ **Maiglöckchen** (*Convallaria majalis*) bedecken spielend leicht den Boden unter Sträuchern und Bäumen. Die weißen Blütenglöckchen verströmen einen intensiven, süßen Duft. Die Stängel halten sich auch gut in der Vase. Vorsicht, die ganze Pflanze ist giftig!

▸ **Goldlack** (*Cheiranthus cheirii*) entfaltet besonders am Abend seinen parfümähnlichen Duft. Die Zweijährigen ab Mai säen. Sie blühen im kommenden April, oft bis in den Juni hinein.

▸ **Levkojen** (*Matthiola incana*) sind eigentlich Sommerblüher. In milden Frühjahren erscheinen die Blütenkerzen aber schon im Mai. Ab Februar auf der Fensterbank oder im Frühbeet säen. ●

Sommerblütenrausch

Im Sommer leuchtet es in allen Regenbogenfarben. Und nicht nur das. In der Nähe von Wicken, Nelken, Duftsteinrich, Löwenmäulchen und anderen Sommerblumen duftet es sogar leicht blumig bis herb-würzig. Ein Grund mehr, diesen verspielten Blütenstars einen Platz im Garten zu reservieren.

Zaungäste

Am charmantesten sehen die Duft-Wicken (*Lathyrus odoratus*) an rustikalen Holzzäunen oder Spalieren aus Haselnuss-Stecken oder Weidenruten aus. An leichten Metallgerüsten oder Schnüren wirken pastellfarbene Sorten wie 'Elegant Ladies' dagegen kühl und elegant. Von Juli bis Oktober öffnen sich die lieblich duftenden Blüten. Sie haben die Wahl zwischen einfarbigen Sorten wie 'Orange Ripple' und 'Blue Ripple', zweifarbigen Sorten wie 'Painted Lady' oder einer bunten Mischung.

Die Namensgleichheit von Nelke und Gewürznelke kommt nicht von ungefähr.

- **Wicken** schon sehr früh im März säen. Die hartschaligen, runden Samenkörner vorher über Nacht in Wasser einweichen lassen. Setzen Sie die Wicken jedes Jahr an eine andere Stelle.
- **Rankende Sorten** brauchen eine Kletterhilfe. Buschige und Zwergsorten stehen in der Rabatte oder im Topf auf der Terrasse.
- **Verblühtes entfernen.** Den Boden um die Wicken mulchen, damit er nicht so schnell austrocknet.

Ländlich charmant

Garten-Nelken (*Dianthus caryophyllus*) und Chineser-Nelken (*D. chinensis*) duften angenehm süß-würzig. Die einjährigen Sommerblumen werden ab März auf der Fensterbank oder im Frühbeet gesät, ab Mai auch direkt ins

Beet. Die einfachen bis gefüllten Blüten in Rot-, Rosa- und Weißtönen erscheinen von Juli bis Oktober. Die Sorte 'Ikat' hat rosa-weiß gesprenkelte, gefüllte Blüten.

▸ **Bart-Nelken** (*Dianthus barbatus*) kommen in kleinen Gruppen (Tuffs) am besten zur Geltung. Die niedrigen Sommerblumen eignen sich auch als Beeteinfassung. Ab Juni werden die Zweijährigen gesät.

Blütensommer

▸ **Duftsteinrich** (*Lobularia maritima*) ist ein vielseitiger, unermüdlicher Blüher. In Steingärten, als Beeteinfassung und als Bodendecker webt er dichte Blütenteppiche, über denen ein süßer Honigduft liegt. Rückschnitt fördert eine Nachblüte. Der entfällt bei der neuen Sorte 'Snow Princess'.

▸ **Löwenmäulchen** (*Antirrhinum majus*) schon ab Februar auf der Fensterbank säen. Die Blüten duften süßlich und etwas streng.

▸ **Die Schleifenblume** (*Iberis umbellata*) öffnet ab Juni ihre flachen, weißen, rosa- oder lilafarbenen Blütenkörbchen. Gesät wird ab April. Für eine frühere Blüte kann auch schon im September und Oktober gesät werden.

▸ **Die Gummibärchenblume** (*Cephalophora aromatica*) braucht etwas Nachhilfe beim Duften. Zerreibt man Blätter und Blütenköpfchen, duften sie wie eine Packung Gummibärchen.

▸ **Noch mehr Sommerdufter:** Gelbe Lupine, Gilie, Kornblume und Spiegeleiblume.

***Das haben uns** die Engländer voraus: wunderbar duftende Wickensorten.*

SMART

Bart-Nelke und Co.

› **Erst im zweiten Jahr** erscheinen die duftenden Blüten von Bart-Nelken, Mondviole und Goldlack. Ab Juni in Saatschalen oder direkt ins Beet säen. Sämlinge feucht halten und vor der Sommersonne schützen. Im Herbst vereinzeln, im Winter mit Reisig gut schützen.

Für Nachtschwärmer

Nachtlichter

Im hellen Tageslicht halten sich Nacht- und Mondviole mit dezenten Blütenfarben zurück, um dann in der Dämmerung mit intensiven Düften aufzutrumpfen. Die hellen Blüten reflektieren das Mondlicht und leuchten fast im Dunkeln.

▸ **Die Nachtviole** (*Hesperis matronalis*) blüht von April bis Juni. Ihre lilafarbenen oder weißen Blüten duften nach Veilchen und Nelken.

▸ **Die Nacht-Levkoje** (*Matthiola longipetala*, Syn. *M. bicornis*) hat im Vergleich zu ihrer Verwandten *M. incana* unscheinbare, einfache Blüten. Ihr Duft reicht dafür sehr weit und hat eine warme Vanille-Note.

▸ **Die Mondviole** (*Lunaria rediviva*) verträgt Halbschatten. Im Herbst können die flachen Silberblatt-Früchte für Trockensträuße geerntet werden.

Tages- und Nachtgestalten

Für alle, die auch tagsüber den Abendduft genießen wollen, gibt es Taglilien, Lilien-Funkien, Vanilleblume (*Heliotropum arborescens*), Nelken (*Dianthus*) und Palmlilie (*Yucca filamentosa*). Die halten sich nicht an Tageszeiten: Sie blühen und duften am Tag und am Abend.

▸ **Taglilien** (*Hemerocallis citrina, H. lilioasphodelus*) blühen von Juni bis September. Ihre trompetenförmigen Blüten duften leicht nach Honig und Zitrone.

▸ **Lilien-Funkien** (*Hosta plantaginea*) vertragen sonnige Standorte, wenn die Wasserversorgung stimmt. Sie blühen hier sogar noch üppiger. Ihr intensiver blumiger Duft erinnert an Taglilien.

Blütenschau

Nachtkerze, Mondwinde und Co. öffnen ihre Blüten erst in der Abenddämmerung. Und locken mit ihren süßen Düften neben den zweibeinigen „Nachtschwärmern“ auch Abendpfauenaugen und andere Nachtfalter an. Ein Schauspiel, das man sich nicht entgehen lassen sollte!

▸ **Nachtkerzen** (*Oenothera biennis, O. odorata*) sind die Stars im Garten. Ab 19 Uhr kann man ihnen dabei zuschauen, wie sie ihre gelben Blüten langsam öffnen. Sie duften leicht zitronig.

▸ **Die Mondwinde** (*Ipomoea alba*) öffnet ihre weißen, großen Blüten erst kurz vor

Noch mehr Nachtdufter

Gehölze: **Jelängerjelieber (*Lonicera caprifolium*), Akebie (*Akebia quinata*), Liguster (*Ligustrum vulgare*)**

Sommerblumen: **Leimkraut (*Silene italica, S. nutans*), Seifenkraut (*Saponaria officinalis*), Sternbalsam (*Zaluzianskya capensis*)**

Kübelpflanzen: **Engelstrompete (*Brugmansia*), Tuberose (*Polyanthes tuberosa*)**

Bei sanftem Lichterglanz und bezauberndem Blütenduft klingt der Tag aus.

Sonnenuntergang. Die mehrjährige Kletterpflanze ist ein perfekter Begleiter am abendlichen Sitzplatz. Frostfrei überwintern.

▸ **Die weißen Röhrenblüten** des Wilden Tabaks (*Nicotiana sylvestris*) duften intensiv süßlich. Neue Ziertabaksorten (*N. affinis*) blühen zwar auch tagsüber, duften aber nicht mehr so intensiv. Eine Ausnahme: 'Havanna Appleblossom'. So süß die Blüten auch duften, hüten Sie sich davor, an den Blättern zu reiben. Es sei denn, Sie mögen den Tabakgeruch!

SMART

Die Wunderblume, ...

› **... botanisch *Mirabilis jalapa*,** verströmt ihren weitreichenden, schweren Duft erst nach 21 Uhr. Bei empfindlichen Menschen kann er Kopfschmerzen auslösen.

› **Im Frühjahr** werden die erbsengroßen, schwarzen Samen gesät. Bis zum Herbst entwickeln sich Knollen, die vor den ersten Frösten ausgegraben und wie Dahlien kühl überwintert werden.

› **In großen Töpfen** betören sie Terrassengäste.

Ganz nah

Genießen Sie die nächtliche Blüten- und Duftfülle auf der Terrasse und in der Nähe von Sitzplätzen. Die hellen Blüten setzen Lichtpunkte, denen man im Garten leicht folgen kann. Im Vorgarten und am Hauseingang begrüßen sie späte Gäste mit ihrem intensiven Duft.

▸ **Richten Sie sich** einen gemütlichen Sitzplatz mit hellen Möbeln, heller Tischdeko, Windlichtern und Lichterketten ein. Kerzen lassen die hellen Blüten erstrahlen. Duftkerzen sind tabu, schließlich übernehmen die Nachtdufter diesen Job! ●

Vanille, Schoko & Marzipan

Mmh, das duftet ja wie in einer Chocolaterie. Verführerisch. Süß. Genau das Richtige für Naschkatzen.

Eine blumige Pralinenauswahl

Einige Pflanzen spielen unserer Nase und unserem Gehirn Streiche. Ihre Blüten und Blätter duften süß nach Schokolade, Vanille und Marzipan oder würzig nach Anis und Zimt. Das täuschend echte Schokoladenaroma fabriziert die schokoladenbraune Blüte der Schokoladen-Kosmee. Und der süße Vanilleduft? Der kommt von den lilafarbenen Blütenständen des Heliotrops, besser bekannt unter dem Namen Vanilleblume.
Schokoladig duften Schokoladen-Kosmee, Schokoladenblume (siehe Porträts rechts), die gelben Korbblüten des Goldenen Kronbarts (*Verbesina encelioides*) und der Schwarzwurzel (*Scorzonera hispanica*).
Vanillearoma verströmen Vanilleblume (siehe Porträt rechts), Wicken, Mariengras (*Hierochloe odorata*), Liguster und Winterblüte.
Nach Mandeln und Marzipan duftet der Sternbalsam (*Zaluzianskya capensis*).
Eine Lakritz-Anis-Note haben die Blätter von Anis-Ysop (*Agastache foeniculum*), Lakritz-Tagetes (*Tagetes filifolia*) und Kampfer-Wermut (*Artemisia alba*).
Eindeutig weihnachtlich duftet die Nacht-Levkoje (*Matthiola longipetala*): nach Zimt, Vanille und Gewürznelke. Und das im Sommer! An den lecker duftenden Blüten zu schnuppern, macht zum Glück nicht dick. Solange die Verführungskünste nicht so stark sind, dass Sie gleich zur nächsten Tafel Schokolade, einem Vanilleeis oder dem Marzipanbrot greifen.

Schokoladen-Kosmee

Cosmos atrosanguineum

Zartbitterschokolade, Kakao

Die rotbraunen, samtigen Blüten erscheinen von Juli bis Oktober. Kurz, nachdem sich die Blüten geöffnet haben, duftet's nach stark entöltem Kakao, später dann warm schokoladig.

▸ Pflege: Sonne oder Halbschatten. Mäßig gießen. Im Spätherbst zieht das Laub ein, dann nicht mehr gießen!

▸ Überwinterung: Frostfrei im Topf. Oder die Knollen ausgraben und wie Dahlien im Keller überwintern.

▸ Tipp: Besonders schokoladig duftet's an sonnigen Vormittagen. Mitbringsel für Schokoladenfans.

Schokoladen-blume
Berlandiera lyrata

Vollmilch-schokolade

Ein Duft wie geschmolzene Schokolade. Die dahlienähnlichen, gelben Blüten duften sogar noch intensiver als die der Schokoladen-Kosmee. Blütezeit ist von Juni bis Oktober.

▸ Pflege: Die mehrjährige Staude verträgt Vollsonne bis Halbschatten. Nicht zu viel gießen. Aussaat möglich.

▸ Überwinterung: Nicht winterhart. Die Blätter ziehen im Winter ein. An einem dunklen, 5 °C kühlen Ort stellen.

▸ Tipp: Die Blüten sind ein Magnet für Bienen, Hummeln, Schwebfliegen und Schmetterlinge.

Vanilleblume
Heliotropum arborescens

Vanille

Der erste Eindruck ist eindeutig Vanille. Später erschnuppert man auch warme Zimt- und Gewürznelken-Noten.
Blüte ab Mai. Weiße und hellblaue Sorten duften noch intensiver.

▸ Pflege: Aussaat ab März in Töpfe. Auspflanzen ab Mitte Mai. Verblühtes wegschneiden, viel gießen. Vollsonnig.

▸ Überwinterung: Nicht winterhart. Kühl oder warm, aber hell. Mäßig gießen. Auch ganzjährig als Zimmerpflanze.

▸ Tipp: Frische Blüten verfeinern Desserts und Fruchtsalate, trockene Blüten Potpourris.

Eberraute
Artemisia abrotanum* var. *maritima

Lakritze, Coca Cola

Die Blätter duften herb, ein wenig zitronig. Sie schmecken etwas bitter, an Lakritze oder Coca Cola erinnernd.
Der Kampfer-Wermut (*A. alba*) duftet süßlicher, fast moschusartig.

▸ Pflege: Warmer, trockener Standort. Sonnig. Vermehrung über Stecklinge und Teilung. Jährlich zurückschneiden.

▸ Überwinterung: Beide *Artemisia*-Arten sind winterhart. Zum Schutz mit Reisig abdecken.

▸ Tipp: Die Triebspitzen würzen frisch oder getrocknet Salate, Quark, Soßen und Fisch. Nur in kleinen Mengen!

Für Balkon & Terrasse

Eine Frage des Duftes

Wie Duft-Pelargonien wirklich duften, lässt sich in einem Buch ohne Reibebildchen nur schwer vermitteln. Grundsätzlich gibt es fünf Duftrichtungen: Rose, Zitrone, Apfel, Minze und Muskatnuss. Danach ist alles offen. Ob die Ingwer-Pelargonie (*Pelargonium* 'Torento') wirklich nach Ingwer und 'Prince of Oranges' (*P. citrosum*) wirklich nach Orangenschale duftet, bleibt der jeweiligen Nase überlassen. Manchmal duften die Blätter auch einfach nur angenehm süß, fruchtig oder würzig, ohne dabei eine bestimmte Richtung einzuschlagen, z. B. die Sorten 'Lady Scarborough', 'Madam Ninon', 'Peach Cream'. Eines ist jedoch klar, gehen Sie beim Einkauf der Nase nach. Es gibt da auch einige zitronige Sorten, die sehr unangenehm duften, ja man könnte sogar sagen riechen. Suchen Sie die Pelargonien also lieber in einer Gärtnerei aus als über einen Katalog. So sind Sie vor Enttäuschungen sicher. Eine ganz sichere Nummer ist die Rosen-Pelargonie (*P. capitatum*) 'Attar of Roses'.

Zitronen und Rosen stecken in den samtigen Blättern der Duft-Pelargonien.

- **Aus Rosen-Pelargonien** (*P. graveolens, P. roseum*) wird das rosenduftende Geraniumöl gewonnen, dass eine ähnliche Zusammensetzung wie Rosenöl hat.
- **Die Blätter** duften bei Berührung, bei intensiver Sonneneinstrahlung auch von allein. Die Blüten duften zwar auch, sind aber eher unscheinbar.

Myrtenkranz

Beim Zerreiben duften die kleinen, ledrigen Blätter der Braut-Myrte (*Myrtus communis*) würzig. Das Aroma liegt irgendwo zwischen Lorbeer und Rosmarin. Auch die weißen Blüten duften sehr intensiv. Im Sommer stehen die kleinen Büsche oder Hochstämmchen gern vor einer warmen Wand im Freien. Sie können aber auch das ganze Jahr im Zimmer stehen. Sie vertragen Sonne, Halbschatten und Schatten. Im Schatten wachsen sie nur etwas langsamer.

- **Kugelige Hochstämmchen** regelmäßig stutzen.
- **Die Sorte** 'Microphylla' bleibt kleiner und kompakter als die Art. Auch die Blättchen sind kleiner.

Aroma des Südens

Orangen und Zitronen entführen uns mit ihrem Duft in den Süden. Ihre Blätter, Blüten und Früchte duften angenehm frisch und fruch-

Die Braut-Myrte kann ganzjährig an einem großen Nordfenster stehen.

tig. Bei Zitronen (*Citrus limon*) kann man den unterschiedlichen Duft der Blüten und Früchte gut miteinander vergleichen. Sie tragen beides gleichzeitig.

▸ **Aus den Zitrus-Blättern** werden die Petitgrainöle gewonnen, in denen Geraniol, Limonen und Neral duftbestimmend sind. In den Schalen ist Limonen für das kräftige zitronige Aroma verantwortlich. Das Orangenblütenöl, auch Neroli genannt, verdankt seinen eher blumigen Charakter den Komponenten Pinen, Camphen, Linalool, Limonen, Geraniol, Nerol und Farnesol.

▸ **Mit intensivem Orangenblütenduft** verblüffen die weißen Blüten der Orangenblume (*Choisya ternata*). Sie erscheinen ab April den ganzen Sommer hindurch. Der immergrüne Strauch ist nicht sicher winterhart. In Rhododendronerde pflanzen. ●

SMART

Kübelpflanzen überwintern

- **Das Winterquartier** sollte hell und kühl sein, z. B. im Wintergarten, im unbeheizten Zimmer oder Treppenhaus.
- **Vor dem Einräumen** kranke Blätter entfernen. Regelmäßig auf Schädlinge kontrollieren.
- **Nur mäßig gießen,** die obere Erdschicht abtrocknen lassen. An frostfreien Tagen lüften.
- **Im Frühjahr** zurückschneiden und umtopfen. Nach den Eisheiligen nach draußen bringen. Vorsichtig an die Sonne gewöhnen.

Duftkonserven

Im Sommer duftet es im Garten überreich. Doch vergessen Sie nicht den duftarmen Winter! Sammeln Sie die aromatischen Blätter und Blüten und trocknen Sie sie. Daraus lassen sich wunderbare „Duftkonserven" zaubern, die den Winterblues ganz sicher vertreiben.

Duftendes Potpourri

In getrockneten Kräutern und Blüten schlummern noch viele ätherische Öle. Zu Potpourris gemischt, erfüllen sie Badezimmer, Wohnzimmer oder Flur mit ihrem Duft.

- **Mischen Sie** verschiedene trockene Blüten und Kräuter in einer großen Schüssel. Sie können auch noch wenige Tropfen ätherischer Öle hinzufügen. In einer Metalldose zieht der Mix etwa 14 Tage. Gemahlene Iriswurzel und Kalmusöl (in der Apotheke erhältlich) fixieren den Duft. Rühren Sie ihn ab und an um. Dann kann er in Schalen, kleine Vasen oder durchbrochene Gefäße gefüllt werden. Frischen Sie den Duft nach einiger Zeit mit ätherischen Ölen wieder auf.
- **Wie in der Provence:** Lavendelblüten, Rosmarin und Thymian zu gleichen Teilen mit einigen Tropfen Lavendelöl mischen.
- **Rosentraum:** zwei Teile Duftrosenblätter, ein Teil Blätter von Rosen-Pelargonien (*Pelargonium radens, P. capitatum, P. graveolens*), Muskatpulver, Iriswurzel und Geraniumöl.
- **Zitronig-frisch:** Zwei Teile Zitronenverbene mit je einem Teil Kamillenblüten, Ringelblumen und getrocknete Zitronenschale mischen.
- **Kleine Auszeit:** Füllen Sie das Potpourri in eine Dose und lassen Sie sich beim Öffnen vom Duft einhüllen.

Duftende Kissen

Anstatt in eine Schale, können Sie das Potpourri in hübsche, kleine Stoffsäckchen füllen. Dafür ein rechteckiges Stück Baumwolle, Musselin oder Organza zu einem Säckchen zusammennähen, dabei eine schmale Seite zum Befüllen offen lassen. Mit getrockneten Blüten oder Blättern füllen. Die Öffnung zusammenraffen und mit einem Schmuckband oder einer Kordel verschließen. Zum Aufhängen an Kleiderbügeln ein längeres Band zu einer Schlaufe binden.

- **Zitronenduftende Pelargonien** (*Pelargonium crispum, P. × citrosmum*) sorgen im Wäscheschrank für frischen

Blüten und Blätter trocknen

Blütenköpfe von Ringelblumen auf Küchenpapier mit dem Kelch nach oben legen. Rosenblütenblätter abzupfen und einzeln trocknen.

Kräutersträußchen bündeln und an einem luftigen Ort ohne direkte Sonne aufhängen. Nur rascheltrockene Blätter und Blüten in fest verschließbaren Gläsern aufbewahren. Beschriftung nicht vergessen.

Der Sommer lässt grüßen: ein Potpourri aus Lavendel und den Schalen von Orangen und Zitronen.

Duft. Eberraute, Rosmarin und Lavendel halten sogar Kleidermotten fern.

- **Ein Schlafkissen** mit Lavendel, Melisse, Kamillenblüten und Salbei hilft beim Einschlummern.
- **Lässt der Duft nach,** kneten Sie das Kissen ordentlich durch.

SMART

Fermentiertes Rosen-Potpourri

› **Angewelkte Duftrosenblüten** in einen Steinguttopf schichten. Zwischen jede Lage dünn Meersalz streuen. Das Salz konserviert die Blüten. Mit einem Teller abdecken und einem Stein beschweren. Nach einiger Zeit setzt sich am Boden Flüssigkeit ab, die abgegossen wird. Nach etwa 6 Wochen ist das Potpourri ausgereift. In eine geschlossene Dose füllen.

Duftendes Wasser

Duftwasser wirken etwas dezenter als die kräftigen Potpourris. Sie werden in eine offene Vase oder eine Schale gegossen. In einem Sprühflakon verleihen sie einem Raum oder der Wäsche einen frischen Duft. Oder Sie genießen das duftende Wasser als Badezusatz oder Haarspülung.

- **Duftwasser selbst gemacht:** Kräuter und Blüten in eine gut gereinigte Flasche mit weiter Öffnung oder in ein Einweckglas geben. Mit 70%igem Alkohol oder Weingeist bedecken. An einem warmen Ort ohne direkte Sonneneinstrahlung für ein bis zwei Wochen reifen lassen. Ab und zu schütteln. Anschließend filtrieren und die Reste auspressen. Nach Belieben mit destilliertem Wasser verdünnen. In Flaschen abfüllen. Kühl und dunkel aufbewahren. ●

Das duftet nicht allen

Düfte empfinden wir sehr subjektiv. Die einen kriechen fast in die Blüten rein, während andere lieber einen Sicherheitsabstand einhalten. Auf beiden Seiten herrscht Unverständnis für die Nase des anderen. Wie kann man den Duft von Lilien oder Phlox nicht mögen? Die Abstandhalter werfen ein, dass er ihnen zu streng für einen Blumenduft ist. Die Befürworter finden gerade das betörend.

Vorsicht bei Pfingstrosen. Nicht alle duften angenehm.

Die Lilie ist ein Paradebeispiel für den Duft-Grenzfall. Der intensive Duft ist schon gewöhnungsbedürftig. Die Königs-Lilien (*Lilium regale*) verströmen einen schweren, süßlichen Duft. Die schneeweißen Blüten der Madonnen-Lilie (*L. candidum*) duften dagegen angenehm blumig und würzig mit fruchtigen Anklängen. Etwas streng riechen die asiatischen und Orient-Hybriden (*L. longiflorum*).

- **Für alle die,** die auf den Lilienduft im Sommer nicht verzichten wollen: Lilien brauchen Sonne, ihre Wurzeln mögen es eher kühl und schattig. Mulchen Sie mit Laub oder setzen Sie den Lilien niedrige Bodendecker zu Füßen.
- **Spielverderber** sind die roten Lilienhähnchen, die sich an den Blättern gütlich tun. Ihre Larven ähneln kleinen Schnecken. Sie tarnen sich unter einem schleimigen Kothäufchen. Die Käfer lassen sich bei der leisesten Störung von den Blättern fallen. Beim Absammeln ein Tuch oder einen Eimer drunter halten.

Unermüdliche Phloxe

Besonders in den Abendstunden verströmen die Blütendolden der Flammenblumen (*Phlox paniculata*) ihren eher herb-würzigen, als blumigen Duft. In Weiß, Rosa und Violett erscheinen die Blüten unermüdlich von Juni bis in den Oktober hinein. Brechen Sie die erste Blüte nach dem Verwelken aus, dann gibt es eine Nachblüte aus den Seitentrieben.

- **Sorten:** 'Anne' (weiß), 'Bright Eyes' (rosa mit rotem Auge), 'Freudenfeuer' (rotorange), 'Blue Evening' (blau-violett), 'Uspech' (violett).
- **Einige Großblatt-Phloxe** (*P. amplifolia*) duften ausgesprochen blumig: 'Weiße Wolke' und 'Winnetou'. Sie wirken etwas zierlicher als die Flammenblumen und vertragen auch Trockenheit.
- **An schwierigen Standorten** unter hohen Stauden, Sträuchern und Bäumen sind Spezialisten gefragt. Von April bis Juni reicht der Geißblattduft von Wald-Phlox (*P. divaricata*) und Wander-Phlox (*P. stolonifera*) sehr weit.

Nicht jedermanns Sache: der Duft von Lavendel, Katzenminze und Currykraut.

Üppige Pfingstrosen

Wenn Sie Glück haben, duftet Ihre auserwählte Pfingstrose gar nicht oder nur schwach blumig wie die meisten Bauern-Pfingstrosen (*Paeonia officinalis*). Wenn Sie richtig viel Glück haben, duftet sie blumig, herb-würzig wie die Chinesischen Pfingstrosen (*P. lactiflora*). Mit etwas Pech haben Sie eine der unangenehm streng riechenden Pfingstrosen erwischt.

SMART

Das duftet jedem!

› **Eindeutig angenehm** und kein bisschen streng duften die März- oder Duft-Veilchen (*Viola odorata*). Schon im März läuten sie den Frühling im Staudengarten ein. Wo es kühl, luftfeucht und halbschattig ist, wachsen bald Veilchenteppiche mit lilafarbenen Tupfen. Weiße, rosa und rote Farbkleckse bringen die Sorten ‘Alba’, ‘Wismar’ und ‘Red Charme’.

- **Chinesische Pfingstrosen:** ‘Duchesse de Nemours’ (weiß-gelb), ‘Edulis Superba’ (rosa), ‘Gardenia’ (cremeweiß) , ‘Madame Furtado’ (rosa), ‘Krinkled White’ (weiß, ungefüllt).
- **Hybrid-Sorten:** ‘Bartzella’, ‘Pink Hawaian Coral’.
- **Bauern-Pfingstrosen:** ‘Rubra Plena’, ‘Rosa Plena’.
- **Für die Vase:** Halbgeöffnete Blüten blühen am sichersten auch in der Vase auf. Schneiden Sie nicht zu tief, damit die Pfingstrose nicht zu viele Blätter verliert. Das schwächt sie.

Stinkbomben & Mückenvertreiber

Was gut duftet, ist Ansichtssache. Auch Tiere scheinen da ganz eigene Vorlieben und Abneigungen zu haben. Nutzen Sie dieses Wissen ganz schamlos aus, um sich Plagegeister vom Hals zu halten.

Gar nicht angenehm

Lilien, Muskateller-Salbei und Studentenblumen gehören zu den Duft-Streitobjekten. Duften sie nun angenehm oder nicht. Beides, je nachdem, wen Sie dazu befragen. Eindeutiger ist das Ergebnis beim Aronstab. Zur Blütezeit ist er die Hauptattraktion für Fliegen. Die lockt er mit seinen nach Aas riechenden Blüten zur Bestäubung an. Mit Erfolg! Auch hierzulande kann man im Garten so einigen „Stinkern" begegnen. Die Kaiserkrone (*Frittilaria imperialis*) riecht nach Mäuseharn. Fischig stinkt es in der Nähe von blühendem Weißdorn (*Crataegus monogyna*) und Hartriegel (*Cornus sanguinea*). Also Vorsicht, wenn ein Etikett Sie zum Kauf einer „angenehm" duftenden Pflanze verleiten will. Manchmal verrät schon der Pflanzenname einiges über die Duftqualität. So verweist „foetidus" auf etwas Stinkendes.

1 ◂ **Mücken** sollen etwas gegen die Zitronenduft-Pelargonie (*Pelargonium crispum, P. citronella*) und die Eichenblatt-Pelargonie (*P. quercifolia*) haben. Dabei duften die eigentlich recht angenehm zitronig oder würzig nach Moschus. Sie gedeihen in Sonne und Halbschatten. Nicht zuviel gießen! Im Winter werden sie in einem hellen, kühlen Raum überwintert. Stellen Sie die Mückenvertreiber möglichst nah an den Sitzplatz. Das erspart die Zitronell-Kerze.

Katzengarten

Katzen sind eigensinnige Tiere, die sich nicht so leicht aus dem Garten vertreiben lassen. Richten Sie den eigenen, den Nachbarkatzen und den gelegentlichen Streunern eine eigene Ecke im Garten ein. Sie sind ganz verliebt in den Duft von Katzenminze (*Nepeta × faassenii*) und Katzen-Gamander (*Teucrium marum*). Ärgern Sie sich aber nicht, wenn die Katzen die Pflanzen platt machen.

Mottenschreck

Mottensäckchen: Mischen Sie je zwei Teile getrockneten Rosmarin und Minze und je einen Teil getrockneten Thymian und Eberraute in Stoffsäckchen. Diese hängen oder legen Sie in Kleiderschränke und die Garderobe. Das vertreibt Kleidermotten. Für zuverlässigen Schutz jedes Jahr neu befüllen.

Gegen Lebensmittelmotten helfen getrocknete Zweige von Lavendel, Rainfarn oder Lebensbaum. Lorbeerblätter ins Mehl und in die Schränke gelegt vertreiben Brotkäfer.

2

▲ **Hunde und Katzen** nehmen mit ihren feinen Nasen den Geruch der Verpiss-Dich-Pflanze (*Plectranthus spec., P. × caninus*) viel intensiver wahr als wir Menschen. Obwohl selbst wir den Geruch oft als unangenehm empfinden. Er reizt jedenfalls nicht dazu, die Blätter öfter als nötig mit den Fingern zu berühren oder zu reiben. Der Verwandte des Mottenkönigs soll den Markierduft imitieren und den Vierbeinern klar machen: Verpiss Dich! Ob es denn zu einem katzenfreien Garten führt? Probieren Sie es aus! Die Pflanzen brauchen einen sonnigen bis halbschattigen Platz und sollten regelmäßig gedüngt werden. Halten Sie die Erde gleichmäßig feucht. Hell und kühl überwintern.

Duft-Inseln

Duft-Angriff

Einigen Duftpflanzen wie den Küchenkräutern muss man schon richtig auf den Leib rücken, um ihren Duft wahrzunehmen. Andere verändern ihre Duftintensität im Tagesverlauf wie die Königs-Lilien. Die geben sich tagsüber unscheinbar, sobald aber die Dämmerung einsetzt, beglücken sie ihre Umgebung mit einem sehr intensiven, fast schwülstigen Duft. Wieder andere wie die Wunderblumen und das Geißblatt duften in den Abendstunden so stark, dass empfindliche Gärtner Kopfschmerzen bekommen.

▸ **„Testen"** Sie Ihre Duft-Favoriten vor dem Kauf in Gärtnereien, Parks und in den Gärten von Freunden und Nachbarn. Kommen Sie mit intensiven Düften klar oder sind Sie eher jemand fürs Dezente?

Steht der Lavendel sonnig, können sich die ätherischen Öle gut entfalten.

Duft-Highlights

Setzen Sie Duftpflanzen an Sitzplätzen und Wegen ein, an denen Sie zur jeweiligen Duftzeit vorbeikommen oder verweilen. Damit sich die Dufter nicht gegenseitig übertrumpfen, bedenken Sie Blütenzeiten im Jahres- und Tagesverlauf, bevor Sie einen Duftgarten anlegen. Der hat vor einer schützenden Mauer oder Hecke genau den richtigen Platz, denn hier halten sich die ätherischen Öle besonders lang in der Luft. Wenn Sie Ihre Favoriten nach ihrer Blütezeit staffeln, duftet es immer irgendwo: Flieder im Frühjahr, Rosen und Geißblatt im Sommer und im Herbst betört der Kuchenbaum die Sinne.

▸ **Duft-Diven** wie Rosen brauchen ein Fußvolk aus schwach- oder nicht duftenden Pflanzen oder Kräutern, die erst bei Kontakt ihren Duft abgeben.

▸ **Ausgesprochene Nachtdufter** wie Nachtkerzen können Sie gut mit Tagduftern kombinieren.

▸ **Gehen Sie auf Terrassen oder Balkonen** vorsichtig mit Starkduftern um, sonst wandelt sich das Dufterlebnis schnell in einen Duftalbtraum. Verteilen Sie lieber mehrere Kräuter, sogenannte Kontaktdufter, denen man erst durch Streicheln ihren Duft entlockt.

Mini-Seerosen-teich

Holen Sie sich die Teichromantik mit duftenden Seerosen auf die Terrasse, ganz nah an Ihre Nase.

Salbei, Ziertabak und Rosen wachsen hier auf Nasenhöhe in Hochbeeten.

▸ **Für einen Mini-Seerosenteich** brauchen Sie einen Topf ohne Abflusslöcher, der mindestens 40 cm hoch ist und einen Durchmesser von 35 cm hat, einen sonnigen, aber windgeschützten Platz und Zwerg-Seerosen (*Nymphaea pygmaea*).

▸ **Ungedüngte Teicherde** 15 cm hoch einfüllen. Seerosen entsprechend ihrer Pflanztiefe einpflanzen und Substrat mit Feinkies abdecken, damit es nicht abgeschwemmt wird. Mit Leitungswasser vorsichtig bis 30 cm Wasserhöhe auffüllen. Wassersalat (*Pistia stratiotes*) auf die Wasseroberfläche legen.

▸ **Regelmäßig Wasser** nachfüllen und Welkes entfernen. Mini-Teich im Winter frostfrei aufstellen.

SMART

Topfgarten

› **Ein Duftgarten** in Töpfen bietet einige Vorteile. Je nach Duft- und Blütezeit können Sie die Pflanzen neu arrangieren. Und wer zu stark duftet, wandert flugs in die hinterste Ecke. Steht der Sinn nach Erfrischung, sind Zitronenverbene und Minze die Stars in der ersten Reihe. Zum Nachmittagskaffee passen Schokoladen-Kosmee und Vanilleblume. Und zum Brunch gibt es Basilikum und Schnittlauch ganz frisch im Topf auf den Tisch.

CHARD

Kräuter & Gewürze

Dem Mittelmeer so nah

Schließen Sie die Augen und nehmen Sie eine tiefe Brise Rosmarin und Thymian. Und, können Sie den blauen Mittelmeerhimmel und die flirrende, heiße Luft sehen, die warme Sonne spüren? Als gäbe es in der Kräuterecke eine geheime Tür direkt nach Italien und Griechenland.

Rosmarin, Salbei und Thymian werden mit Floristendraht am Windlicht befestigt.

Würziges Trio

An einem sonnigen, geschützten Platz entwickeln Rosmarin (*Rosmarinus officinalis*), Thymian (*Thymus vulgaris*) und Oregano (*Origanum vulgare*) besonders viele ätherische Öle.

- **Zerkleinerte frische und getrocknete Rosmarinblätter** haben ein leicht an Lavendel erinnerndes, harziges Aroma. Dafür sind unter anderem Pinen, Cineol und Campher verantwortlich. Rosmarin verfeinert kräftige Tomatensoßen, gibt Grillfleisch die richtige Würze und aromatisiert Kräuteröle.
- **Thymian** entfaltet sein volles Aroma erst beim Kochen. Zuviel überlagert allerdings alle anderen Kräuter. Zurückhaltend verwenden. Geben Sie ihn zu Fleisch und Geflügel. Und probieren Sie doch statt der Rosmarin-Kartoffeln mal Thymian-Bratkartoffeln.
- **Was wäre die Pizza** ohne Oregano? Die Tomaten-Pizzaiola wäre nur halb so aromatisch. Die frischen oder getrockneten Blättchen würzen auch Fleisch- und Fischgerichte.
- **Leider ist Rosmarin** in unseren Breiten nur bedingt winterhart. Geben Sie ihm einen hellen, frostfreien Raum als Winterquartier. Thymian und Oregano können mit Winterschutz im Freien überwintert werden.

Basilikum

Basilikum (*Ocimum basilicum*) ist ein Kosmopolit, kulinarisch gesehen. Eigentlich stammt das Kraut, das wir sofort mit Italien in Verbindung bringen, aus Indien. Hier findet sich das Indische Basilikum in fast jedem Haushalt. Als Tulsi wird daraus ein stärkender Tee gebrüht. Das, was wir mit Italien, Tomaten und Mozzarella verbinden, ist das 'Genovese'. Seine großen, grünen Blätter haben ein süßliches, etwas scharfes Aroma, das auch gut in einem selbstgemachten Basilikumeis zur Geltung kommt. Zitronig mag man's in Thailand. Hier wird mit Limonen-Basilikum oder Thai-Basilikum gekocht. Einen Hauch Zimt und Anis bringen die gleichnamigen Basilikum-Varietäten in die Küche.

So sind die Kräuter immer griffbereit, wenn sie gebraucht werden.

▸ Ab Mai in Töpfe säen. An einem sonnigen, warmen und geschützten Platz entwickelt sich das Basilikum schnell. Vermeiden Sie die pralle Mittagssonne!

SMART

Aromaspeicher

› **Um die mediterrane Würze** bis in den Winter hinein zu erhalten, werden Rosmarin und Co. getrocknet. Kurz vor der Blüte haben Rosmarin, Thymian und Salbei die meisten ätherischen Öle in ihren Blättern gespeichert. Oregano und Majoran dagegen erst während der Blüte. Getrocknetes Basilikum verliert an Aroma. Am besten als Pesto, Kräuterbutter oder im Tiefkühlfach konservieren.

Salbei

Limonen, Thujon, Campher und Cineol machen das harzige, etwas fruchtige Aroma der Salbeiblätter (*Salvia officinalis*) aus, das sich in voller Sonne besonders gut entwickelt.

▸ Abwechslung in den Kräutergarten bringen die roten Blätter der Sorte 'Purpurascens', die grünweiß panaschierten Blätter der Sorte 'Icterina' und die grün-weiß-roten Blätter von 'Tricolor'. Noch fruchtiger duften und schmecken Ananas-Salbei (*S. rutilans*) und Honigmelonen-Salbei (*S. elegans*). Sie brauchen einen halbschattigen Standort und ein frostfreies Winterquartier.

Aromaschatz in Samen

Schon die Blätter von Kümmel, Dill, Koriander und Fenchel duften würzig. Der wahre Aromaschatz liegt jedoch in ihren Samen. Sie geben ihren wunderbar würzigen Duft erst nach dem Zerstoßen und Zermahlen im Mörser oder in einer Gewürzmühle preis.

Dill & Fenchel

Dillblätter (*Anethum graveolens*) und vielleicht ab und an auch Blüten, aber die Samen werden in unserer Küche kaum verwendet. Schade, denn sie duften süßaromatisch mit einem leicht bitteren Hauch von Kümmel, der aber nicht unangenehm ist. Schlagen Sie mal ein indisches oder russisches Kochbuch auf. Da finden Sie viele Rezepte mit Dillsamen.

- **Zerstoßene Samen** passen zu allen Fischgerichten, Gemüsesuppen und ins selbstgebackene Brot. Essig aus Dillsamen und Weißweinessig verfeinert Kartoffel- und andere Salate und Soßen.
- **Fenchelsamen** (*Foeniculum vulgare*) duften nach warmer Sommersonne mit leichter Anisnote. Zerstoßen schmecken sie zu Fisch, besonders zu den fettreichen. Hier wirken die ätherischen Öle Fenchon, Estragol und Anethol verdauungsfördernd. Sein würzig-süßliches Aroma ist auch im Currypulver herauszuschmecken.

Dreimal Kümmel

- **Echter Kümmel** (*Carum carvi*) hat einen würzigsüßen, leicht pfeffrigen Geschmack. Selbst die Wurzeln haben ein kümmeliges Aroma und können wie Petersilienwurzeln zubereitet werden. Seine ätherischen Öle (u.a. Carvon, Limonen) wirken verdauungsfördernd. Das anspruchslose, zweijährige Gewürzkraut trägt erst im zweiten Jahr Samen.
- **Kreuzkümmel** (*Cuminum cyminum*) mit seinem würzigen, leicht bitteren Aroma ist vor allem in der orientalischen Küche beliebt. Die Samen würzen Fladenbrote, Couscous, Soßen, Chutneys und indische Currymischungen. Die ganzen Samen haben eine leicht pfeffrige Schärfe, die sich im gemahlenen Zustand noch verstärkt. Säen Sie den einjährigen Kreuzkümmel am besten schon ab März auf der Fensterbank aus.
- **Ajowan oder Indischer Kümmel** (*Trachyspermum ammi*) hat ein ausgeprägtes Thymian-Aroma. Er wird vor allem in indischen Currys, Linsen- und Bohnengerich-

Samen ernten

Reife Samenstände erkennen Sie daran, dass die Samen ihre typische Färbung annehmen. Je nach Art von Ende Juni bis September.

Samenstände zum Trocknen kopfüber auf ein Tuch legen. So geht keiner der feinen Samen verloren.

Einzeln oder schon als Mischung in einem dunklen Glasgefäß oder einer Dose kühl und trocken lagern.

In Fenchelsamen stecken viele ätherische Öle, die durch Anrösten und Zerstoßen freigesetzt werden.

ten (Dals) und Brot (Parathas) verwendet. Ajowan verträgt keine Staunässe, darf aber auch nicht austrocknen. Im Frühjahr an einem sonnigen Platz mit feuchtem, nährstoffreichem Boden aussäen.

Weihnachtsduft

Ohne den warmen, süßen Duft von Korianderkörnern und Anis ist die Weihnachtszeit nicht denkbar. Auch außerhalb der besinnlichen Tage verfeinern diese beiden Gewürze die verschiedensten Gerichte.

SMART

Aromatresor knacken

- **Rösten Sie die Samen** ohne Fett in einer Pfanne an. Dann entfalten sich die ätherischen Öle noch besser. Kreuzkümmel bekommt ein nussiges, Koriander ein orangenschalenähnliches Aroma.
- **Currymix** für Meeresfrüchte: 2–3 getrocknete, rote Chilis, 6 EL Koriander, 1 EL Kreuzkümmel, 2 EL Fenchel, 1 TL Bockshornklee und 1 TL Pfefferkörner anrösten, zermahlen und mit 2 TL gemahlenem Kurkuma mischen.

- In den Samen von Koriander (*Coriandrum sativum*) steckt ein fruchtiges, orangenähnliches Aroma, das sich vollkommen von dem der Blätter unterscheidet. Linalool, Limonen, Geraniol und Pinen im ätherischen Öl haben eine appetitanregende Wirkung. Koriander tritt oft gepaart mit Kreuzkümmel in Currypulver, Garam Masala und anderen Gewürzmischungen auf.
- Der süß-aromatische Duft von Anis (*Pimpinella anisum*) beruht auf Anethol und Anisaldehyd in den Samen. Fisch, Soßen und Brot, aber auch Süßigkeiten wie Kuchen und Plätzchen werden mit Anis verfeinert.

Zur Ruhe kommen

Räuchern mit Kräutern

Eine Duftkerze oder ein Räucherstäbchen ist schnell angezündet. Da hat das Kräuterräuchern schon fast etwas Rituelles. Es ist hypnotisierend, dem sich kräuselnden Rauch zuzuschauen, der von den trockenen, glimmenden Kräuterblättchen aufsteigt. Ohne viel Zubehör können Sie „pelzigen" Salbei und Beifuß räuchern. Wichtig ist nur, dass er absolut trocken ist. Halten Sie ein Sträußlein über eine Flamme. Pusten Sie das Feuer wieder aus, sodass die Kräuter nur noch glimmen. Dann in eine feuerfeste Schale legen und den reinigenden Rauch genießen.
Lavendel, Rosenblütenblätter, Minze, Thymian und viele andere Duftkräuter werden zerbröselt oder fein im Mörser zermahlen. Um in den Räuchergenuss zu kommen, brauchen Sie zu der feuerfesten Schale Sand und Räucherkohletabletten. Die Kohle wird angezündet. Bis sie durchglimmt, vergeht einige Zeit. Dann werden kleine Mengen der zerkleinerten Kräuter auf die Kohle gelegt. Nach ein paar Minuten sind die Kräuter verräuchert und Sie können nachlegen. Vorsicht, nicht die Finger verbrennen!

Lavendel zum Entspannen

Blühender Lavendel lässt uns in die sonnenverwöhnte Provence zu den Lavendelfeldern entschwinden. Dafür sind die beiden Duftkomponenten Linalool und Campher im Lavendelöl verantwortlich. Das wird aus den beiden Lavendelarten Echter Lavendel (*Lavandula angustifolia*) und Provence-Lavendel (*Lavandula × intermedia*) gewonnen. Dabei stammt das teuerste, reinste Lavendelöl vom Echten Lavendel.

- **Geben Sie Lavendel** einen Winterschutz. Schneiden Sie ihn nach der Blüte zurück, damit er kompakt und buschig bleibt.
- **Lavendelbadesalz:** In ein Glasgefäß werden je 1 cm Meersalz und 3 mm getrocknete Lavendelblüten geschichtet. Auf die oberste Schicht können noch einige Tropfen Lavendelöl geträufelt werden. Für ein Vollbad

Lavendelduft ist beruhigend und entspannend.

reicht eine halbe Tasse Badesalz.

▸ **Für Trockensträuße** wird der Lavendel geschnitten, sobald sich die unteren Blüten geöffnet haben. Die Blütenähren werden zu Bündeln gefasst und kopfüber aufgehängt. Besonders gut für Trockensträuße ist z. B. *L.* × *intermedia* 'Bleu de Collines' geeignet.

Selbst gerührt

▸ **Gesichtsmaske** für fettige Haut: Kochen Sie einen Absud aus zwei Handvoll frischer Kamille und Pfefferminze und einem halben Liter Wasser. Die Mischung etwa 15 Minuten schwach sieden und dann abkühlen lassen. Rühren Sie mit dem Absud eine Seesandmaske aus der Drogerie an. Tragen Sie sie nach Packungsanleitung auf und waschen Sie sie nach etwa 10 Minuten mit reichlich warmem Wasser wieder ab.

▸ **Heilende Ringelblumensalbe** für Gärtnerhände: 100 g Vaseline im Wasserbad schmelzen lassen und 20 g getrocknete oder 50 g frische Ringelblumenblüten hinzugeben. Lassen Sie diesen Salbenansatz zwei bis drei Stunden unter häufigem Rühren bei milder Hitze ziehen. Er darf aber nicht kochen! Seihen Sie die Ringelblumen ab und drücken Sie sie gut aus. Rühren Sie die Salbenmasse so lange weiter, bis sie fast erstarrt ist. Füllen Sie die Salbe in Schraubgläser oder Cremetiegel. Kühl und lichtgeschützt ist die Salbe etwa drei Monate haltbar.

Ringelblume und Kamille sind wohltuend für die Haut.

SMART

Für den Magen

› **Fenchel, Anis und Kümmel** sind die drei klassischen Helfer gegen Blähungen. Kümmel gibt man in Kohlgerichte und in Kümmel und Aquavit. Auch Basilikum, Rosmarin, Oregano und Thymian fördern die Verdauung. Kneift es im Bauch, brühen Sie sich aus diesen Helfern eine Tasse Tee.

Zurücklehnen & entspannen

Ob mit den Füßen im Wasser, zur Teestunde mit einer Tasse aromatischem Kräutertee oder unter der Duftdusche – Düfte und Rituale beleben, erfrischen oder entspannen Körper und Seele.

Planen Sie in Ihrem Alltag Rituale ein! Brühen Sie sich am Nachmittag eine frische Tasse Tee und genießen Sie sie ohne Störung. Aromatisieren Sie Schwarzen Tee, Grünen Tee oder Roibuschtee mit Zitronenverbene, Orangenschalen, Duftrosen- oder Jasminblüten. Oder mischen Sie sich Ihren ganz persönlichen Kräutertee. Haben Sie schon mal in Kräutertee gebadet? Mit der Badewanne als überdimensionierte Teetasse? Probieren Sie es mal aus! Geben Sie drei Handvoll getrocknete Kräuter und Blüten in ein Leinensäckchen oder einen großen Teebeutel, die Sie in das einlaufende Badewasser legen. Das Säckchen öfter ausdrücken. Sie können es mithilfe einer Schnur so über den Wasserhahn hängen, dass es auch während des Badens mit Wasser bedeckt ist. Schalten Sie nach einem stressigen Tag mit drei Handvoll getrockneter Duftrosenblüten und Lavendelblüten ab.

1 ◂ **Wohltuend für müde Füße:** ein Fußbad mit frischer Pfefferminze, Rosmarin und Lavendelblüten. Minze und Rosmarin fördern die Durchblutung der Beinvenen. Gießen Sie dafür heißes Wasser in eine Schüssel mit den Kräutern. Die Temperatur mit kaltem Wasser auf 33–42 °C einstellen. An heißen Sommertagen wirkt das abgekühlte Minzefußbad erfrischend und belebend, wenn Sie Füße und Handgelenke darin eintauchen.

2

▸ **Lavendelduschbad:** Zwei Handvoll getrocknete Lavendelblüten und gut 400 ml destilliertes Wasser auf kleiner Flamme etwa 15 Minuten schwach sieden lassen. Abseihen und auf 50 °C abkühlen lassen. 250 ml des Absuds zuerst mit 10 g Bienenhonig und dann mit 50 g zu Flocken geschabter Kernseife mischen. Behutsam rühren, damit sich nicht zu viel Schaum bildet. Sobald die Mischung auf unter 30 °C abgekühlt ist, noch 10 ml Apfelessig hineinträufeln. Noch einmal vorsichtig umrühren und in eine Flasche abfüllen.

3

◂ **Für einen Kräuterteemix** getrocknete Kräuter und Blüten in einer großen Schüssel mischen. Masse bringen Minze, Melisse, Zitronenverbene, Salbei und die Blätter von Brombeeren, Himbeeren oder Schwarzen Johannisbeeren. Gelbe, rote und blaue Farbtupfer sind Blüten von Kamille, Sonnenblumen, Rosenblüten, Monarde, Agastache oder Türkischem Drachenkopf. Nach Belieben vor dem Aufguss eine Prise aufmunternden Rosmarin oder beruhigende Lavendelblüten hinzufügen.

Das duftet gelb!

Zitronige Düfte verbinde ich sofort mit der Farbe Gelb. Geht es Ihnen auch so? Gelb ist spritzig und erfrischend, genauso wie Zitronensaft. Für eine Nasenbrise voll Zitronenduft braucht man gar keinen Zitronenbaum, den liefern auch die Blätter verschiedener Kräuter.

Tee mit Zitrone

Viele beliebte Teekräuter haben oft eine leichte oder intensive Zitrus-Note wie die Blätter der Zitronen-Melisse (*Melissa officinalis*). Die haben ein feines Aroma und duften nicht zu aufdringlich zitronig. Getrocknete Blätter geben Kräuterteemischungen eine frische Note. Duftbestimmend sind unter anderem Citral, Geranial und Citronellal. Citral findet sich auch in Zitronenschalen, Citronellal auch in anderen zitronig duftenden Kräutern.

▸ **Die Sorte** 'Citronella' hat einen höheren Anteil an ätherischen Ölen. Die Kreta-Melisse (*M. officinalis* subsp. *altissima*) besitzt ein kräftiges Aroma nach Limetten und Mandarine.

▸ **Verveine:** Die Franzosen trinken besonders gern einen erfrischenden Kräuteraufguss, den Verveine. Er wird aus den frischen oder getrockneten Blättern eines zitronenduftenden Strauchs, der Zitronenverbene (*Aloysia triphylla*), bereitet. Die Pflanze ist nicht winterhart und wird kühl überwintert. Keine Panik, wenn der Strauch im Winter die Blätter verliert! Im Frühjahr treibt er wieder aus.

Intensiv zitronig duften die Stängel des Zitronengrases.

▸ **Der Türkische Drachenkopf** (*Dracocephalum moldavicum*) ist ein noch wenig bekanntes Teekraut. Ein Tee aus Blättern und Blüten erinnert im Geschmack an Zitronen-Melisse.

▸ **Monarde oder Indianernessel** (*Monarda didyma*) ähnelt im Geschmack der Zitronen-Melisse. Verwendet werden Blätter und Blüten. Die einjährige Präriebergamotte (*M. citriodora*) duftet herb nach Zitronenschale.

Zitronig-frisch in der Küche

Fisch- und Geflügelgerichte bekommen durch die Blättchen des Zitronen-Thymians (*Thymus × citriodorus*) eine zitronige Note. Auch im Kräuterbeet macht der Zitronen-Thymian eine gute Figur: Die Sorte 'Variegatus' hat weißrandige, die Sorte 'Aureus' goldgelb gerandete Blätter.

▸ **Zitronengras** (*Cymbopogon citratus*) ist in der Thai-Küche unverzichtbar. Im Sommer braucht das Zitronengras viel Wärme, viel Wasser und viel Dünger. Das Gras

Blüten und Blätter der Indianernessel duften leicht nach Zitrone.

wird in einem frostfreien Raum überwintert. Es wird trocken gehalten, ohne dass es jedoch austrocknet. Es kann auch in einem warmen Zimmer überwintert werden. Triebe oberhalb der Wurzel abschneiden. Die Blätter so einkürzen, dass am Ende ein 10 bis 13 cm langes Stück übrig bleibt. Zum Kochen werden die Stängel von den äußeren Schichten bis zum rosafarbenen Ring befreit.

SMART

Gelb gleich Zitrone?

› **Sobald die winzigen Duftmoleküle** unsere Nase erreichen, versuchen wir sie mit bekannten Düften einzuordnen. Duftet etwas frisch, spritzig, fruchtig und ein wenig bitter, erinnert uns das an gelbe Zitronen. Ähnlich erfrischend wirken Zitronen-Kräuter. Selbst bei Rosen scheint die Farbe Gelb statt mit einem rosigwürzigen Duft mit einer fruchtigen Note kombiniert zu sein.

Dann werden sie fein gehackt. Ältere Triebe sind schon faserig. Sie werden im Mörser zerstoßen und vor dem Verzehr entfernt.

▸ **Zitronen-Bohnenkraut** (*Satureja montana* subsp. *citriodora*) ist die zitronigpfeffrige Variante des Berg-Bohnenkrauts. Es würzt Fleisch und Bohnengerichte.

▸ **Zitronen-Basilikum** (*Ocimum americanum*) hat ein intensives süßliches Zitronenaroma, das gut zu allem Süßen passt. Das wärmebedürftige Kraut an ein helles Fenster stellen. ●

Duftwunder Minze

Minze ist nicht gleich Minze. Die Pfefferminze (*Mentha* × *piperita*) hat einen erfrischenden, doch etwas scharfen Geschmack. Den bringt der sehr hohe Mentholgehalt mit sich. Andere Komponenten des ätherischen Öls kommen so kaum zum Zuge. Erst bei einem geringeren Mentholgehalt kommen zitronige, blumige oder fruchtige Noten, aber auch schokoladige oder kümmelähnliche Aromen zum Vorschein.

Minze und Schokolade

Eine Pfefferminze (*M.* × *piperita*) muss so richtig erfrischend und kühlend schmecken. Das intensivste Aroma steckt in den dunkelgrünen Blättern der englischen Sorte 'Mitcham'. Leider ist sie auch sehr anfällig für den Minzrost, eine Pilzkrankheit. Ebenfalls intensiv schmeckt die robustere Multimentha-Minze.

▸ **Ein feineres Minzearoma** haben die Formen der *Mentha-Spicata*-Gruppe. Bekannt sind die Marokkanische Minze und die Nana-Minze, die beide in unseren Breiten leider nicht sicher frosthart sind. Sie werden am besten frostfrei überwintert. Die Spearmint-Minze schmeckt so frisch wie ein Kaugummi.

▸ **Für Schokoholics** die perfekte Komposition: die Schokoladen-Minze (*M.* × *piperita* 'Chocolate Mint'). Sie können die Blättchen als kalorienarme Variante des Schokoladen-Minz-Täfelchens pur genießen oder an Schokoladendesserts geben.

Orange und Erdbeere

▸ **Spritzige Zitrus-Noten** mit einem leicht bitter-herben Unterton nach Zitrusschalen haben Orangen-Minze (*M.* × *piperita* var. *citrata*), Zitronen-Minze (*M. gentilis* var. *citrata*), Grapefruit-Minze (*M. suaveolens*) und Limonen-Minze (*M.* × *piperita* var. *citrata*).

▸ **Die Apfel-Minze** (*M.* × *rotundifolia*) ist eine hervorragende Teeminze. Ihre Blätter sind groß und weich behaart. Sie enthält wenig Menthol, ist sehr bekömmlich und für die tägliche Tasse Tee geeignet.

▸ **Die Ingwer-Minze** (*M. gentilis* 'Variegata') schmeckt nicht, wie der Name vermuten lässt, nach Ingwer, sondern hat eine sehr fruchtige Note. Auch die Ananas-Minze (*M. suaveolens* 'Variegata') hat ein fruchtiges Aroma, das nur entfernt an Ananas erinnert. Beide

Trinken Sie Tee!

Pfefferminztee hilft bei Verdauungsstörungen, ist krampflösend und appetitanregend. Aber Menthol reizt auch den Magen. Nicht regelmäßig trinken!

Im Sommer wirkt ein Eistee aus Pfefferminze oder Apfel-Minze erfrischend.

Vor der Blüte ist der Gehalt an ätherischen Ölen am höchsten. Jetzt zum Trocknen ernten.

Ein Minztee aus frisch aufgebrühten Blättern schlägt den Beuteltee um Längen.

lockern mit ihren panaschierten Blättern ein gemischtes Minzebeet auf.

▸ Etwas für Sammler sind Erdbeer-Minze (*M. spec.*) und Bananen-Minze (*M. arvensis* 'Banana'). Die Blätter duften fruchtig mit einer leichten Erdbeer- oder Bananen-Note.

Minze pflegen

Mit Halbschatten und einem frischen, mit Kompost angereicherten Boden sind die Minzen zufrieden. Im Schatten wachsen sie zwar auch, dann aber weniger üppig.

SMART

Ausbreitungsdrang

› **Minzen gehen** mit ihren Sprossausläufern gern auf Wanderschaft. Passt man nicht auf, verlassen sie den ihnen angedachten Standort. Dann finden Sie sie überall im Kräuter- oder Staudenbeet wieder. Pflanzen Sie die Minzen in große Eimer (mind. 12 Liter Volumen), die Sie dann im Beet versenken. Das wirkt wie eine Wurzelsperre und ihrem Ausbreitungsdrang entgegen. Die Abzugslöcher nicht vergessen!

Eine Mulchschicht aus Kompost, Grasschnitt oder Rindenmulch hält die Feuchtigkeit an den Minzewurzeln.

▸ Setzen Sie Ihre Minzen alle paar Jahre an einen neuen Platz. Dabei können Sie sie mit einem Spaten teilen und die Teilstücke neu einpflanzen. Stecklinge können im Frühsommer geschnitten werden. Die Ausläufer werden in Töpfe umgeleitet und bewurzelt.

▸ Zeigen die Minzeblätter weiße, mehlige Beläge (Echter Mehltau) oder orangefarbene Pusteln auf der Unterseite (Minzrost), sollten die betroffenen Pflanzen bis zum Boden zurückgeschnitten werden.

Minzig & zitronig

So duftet es hier. Dabei sind nirgends Pfefferminze oder Zitronen-Melisse zu sehen. Nur Stauden und Halbsträucher.

So gut wie das Original

Manchmal ist eine falsche Minze doch besser als eine Echte Minze. Genau dann nämlich, wenn Sie den Ausbreitungsdrang der Echten Minzen (*Mentha*) in einem Staudenbeet oder kleinem Garten gar nicht gebrauchen können. Oder wenn Sie den Minzen keinen halbschattigen Standplatz bieten können. Dann weichen Sie doch auf die „Fälschungen" aus, die in ihren Blättern ebenfalls die minzige Komponente Menthol haben. Sie erkennen sie an ihren „minzigen" Namen: Koreaminze, Indianische Minze, Bergminze (*Calamintha cretica*), Römische Minze (*Calamintha*), Kammminze und Katzenminze. Und das Beste daran ist, einige können wie die Minze verwendet werden.

Katzenminze (*Nepeta cataria*) steht mit anderen Mittelmeerkräutern zusammen. Blätter und Blüten duften intensiv nach Minze, Zitrone und Thymian.

Die Kammminze (*Elsholtzia stauntonii*) duftet nach Minze und Kümmel. Sie braucht einen mageren Boden und einen vollsonnigen Platz. Zugegeben, im Staudenbeet findet man den minzigen Duft eher als den zitronigen. Einige gibt es aber doch, wie die Blauminze, das Zitronen-Johanniskraut und den Russischen Salbei.

Die Blauminze (*Nepeta × faassenii* subsp. *citriodora*) hat ein ähnliches Aroma wie die Katzenminze, aber noch mehr Anteile von Zitronenöl. Sie verträgt auch Halbschatten.

Dem Diptam (*Dictamnus albus*) nähert man sich an heißen, sonnigen Tagen nur mit Vorsicht. Er verströmt so viele ätherische Öle, dass sie sich entzünden können.

Koreanische Minze
Agastache rugosa

Minze & Fenchel

Blätter und lilafarbene Blütenkerzen duften nach einer Mischung aus Fenchel und Minze. Die Sorte 'Alba' hat weiße Blüten. Die Koreaminze wuchert nicht so stark wie die Echte Minze. Blütezeit: Juli bis September.

- Pflege: Koreaminzen sind pflegeleicht. Sonniger Standort. Mit gelb blühenden Stauden in ein Beet setzen.
- Überwinterung: Mit Winterschutz winterhart. Agastachen dürfen nicht zu feucht stehen. Boden dränieren.
- Tipp: Blätter und Blüten frisch für Tees und Süßspeisen. Getrocknet in Teemischungen und Potpourris.

Indianische Minze
Satureja douglasii

Minze

Verwandt mit dem Bohnenkraut (*S. hortensis*) duften die kleinen Blätter nicht pfeffrig, sondern tatsächlich minzig. Die Indianische Minze gehört zu den mexikanischen Yerba Buena. Blütezeit: Juni bis August.

▸ Pflege: Nicht zu feucht halten. Ab und zu zurückschneiden. Triebe hängen dekorativ von einer Ampel herunter.

▸ Überwinterung: Die Indianische Minze ist frostempfindlich. Frostfrei und hell überwintern.

▸ Tipp: Aus den Blättchen einen erfrischenden Tee brühen. Für Desserts, Gemüsegerichte und Duftsäckchen.

Zitronen-Johanniskraut
Hypericum hircinum

Zitrone

Die Blätter des Zitronen-Johanniskrauts duften bei der leichtesten Berührung frisch nach Zitrone mit einer leichten Kampfer-Note. Die großen, gelben Blüten locken Bienen, Hummeln und andere Insekten an. Blütezeit: Juni bis August.

▸ Pflege: Verträgt keine Staunässe. Ideal ist ein durchlässiger, trockener Boden. Sonnig bis halbschattig.

▸ Überwinterung: Nicht sicher winterhart. Draußen mit Winterschutz oder frostfrei im Kübel.

▸ Tipp: Erfrischender Tee aus Blättern. Getrocknet für Cremes und Tinkturen. Rotbraune Fruchtstände für Sträuße.

Russischer Salbei
Perovskia atriplicifolia

Zitrone

Der Name führt in die Irre. Die silbergrauen Blätter duften eher fruchtig-zitronig als fruchtig-herb wie der Salbei. Das geht wohl eher auf Ähnlichkeiten in der Blattfarbe und der blauen Blütenstände zurück. Blütezeit: Juli bis Oktober.

▸ Pflege: Im Frühjahr oder Herbst Rückschnitt bis zum Boden. Vollsonnig, durchlässiger, eher trockener Boden.

▸ Überwinterung: Mäßig frosthart. Den Wurzelbereich zum Schutz mit trockenem Laub abdecken.

▸ Tipp: Fein geschnittene Blätter würzen Fleisch und Fisch. In Russland auch als Einlegegewürz und zum Räuchern.

Duft-Teppiche

Kräuter sind oft Kontaktdufter. Ihre Blätter müssen gestreichelt oder zwischen den Fingern zerrieben werden, um ihnen die ätherischen Öle zu entlocken.

Duftpfad

Einige Kräuter vertragen es sogar, mit den Füßen getreten zu werden. Mit diesen polsterbildenden Kräutern können Duftpfade oder Duftwiesen angelegt werden, die bei jedem Schritt duftende Wolken freilassen.

▸ **Dafür eignen sich:** Sand-Thymian (*Thymus serpyllum*) für sonnige Stellen, Polei-Minze (*Mentha pulegium* subsp. *repens*) und Römische Kamille (*Chamaemelum nobile*) für den eher feuchten Halbschatten. Von letzterer gibt es auch nichtblühende ('Treneague') und gefüllt blühende Sorten ('Flora Plena').

▸ **So wird ein Duftpfad angelegt:** Boden gut vorbereiten. Kompost einarbeiten. Polsterpflanzen in einem Abstand von 10 cm zueinander pflanzen (etwa 5 bis 7 Pflanzen/m^2). Freie Flächen mit Mulch abdecken. Anschließend den „Rasen" gut mit Wasser angießen.

▸ **Aber:** Ein Duftpfad ist nicht für den ständigen Gebrauch gedacht. Dann setzen Sie die Kräuterpolster besser zwischen Trittsteine. So werden sie geschont.

Fußmassage mal anders: auf einem Bett aus Römischer Kamille.

Streicheleinheiten

Heben Sie Blattdufter auf Streichelhöhe. Am einfachsten gelingt das auf Balkonien. Setzen Sie dafür die Kräuter in Töpfe oder Kästen. Dann an die Balkonbrüstung hängen. Bei jeder Berührung, seien es die darüber streichenden Finger oder unbeabsichtigt beim Drüberbeugen, werden die ätherischen Öle freigesetzt.

▸ **Auf der Terrasse** können Sie auch eine Duftbank aufstellen. Bauen Sie dafür ein Hochbeet auf. An den Seiten werden Aussparungen für polsterbildende Kräuter wie Thymian und Römische Kamille eingeplant. Nun können je nach Geschmack und Vorliebe verschiedene Kräuter in das Hochbeet ge-

Streichel-Bar: Thymian, Salbei und Rosmarin in einem Hochbeet.

pflanzt werden: Thymian, Zitronen-Thymian, Bohnenkraut, Rosmarin, grüner, roter und goldbunter Salbei, Currykraut, Lavendel, … Diese Liste ließe sich unendlich fortführen. Kitzeln Sie den Duft aus den Blättern heraus und erfreuen Sie sich daran.

SMART

Fugenfüller

- **Fugenpflanzen** vertragen Nährstoffmangel und Trockenheit, setzen sich hartnäckig in Ritzen und Fugen fest und erobern bald die Wege.
- **Duftende Fugenfüller:** Sand-Thymian (*Thymus serpyllum*), Feld-Thymian (*T. pulegioides*) und Polster-Thymian (*T. praecox* subsp. *arcticus* 'Minor') für besonnte Wege. Korsische Minze (*Mentha requienii*), Polei-Minze (*M. pulegium*) und Römische Kamille (*Chamaemelum nobile*) für den Halbschatten.

Duft-Parcours

Erkennen Sie den harzig-würzigen Rosmarin auch mit geschlossenen Augen? Und das süß-würzige Aroma von Basilikum? Das ist recht einfach. Aber wie steht's mit den „Täuschern", die ihr wahres Kräuter-Ich verbergen wie Orangen-Thymian und Zitronen-Bohnenkraut? Trainieren Sie Ihre Nase!

▸ Party-Spiel: Geben Sie Minze, Thymian und andere Kräuter in Stoffsäckchen. Wer erkennt die Kräuter auch blind?

Zier-sträucher & Gehölze

Frühling liegt in der Luft

Kirschen, Rhododendron und Flieder sind die duftenden Frühlingsboten im Garten. Sie verkünden: „Der Winter ist endlich vorbei." Die gefühlte, lange Zeit, bis der Sommer mit Rosen und Sommerflieder endlich da ist, überbrücken Falscher Jasmin, Magnolien und Schneeball.

Die Tulpen-Magnolie (M. x soulangeana) blüht vor dem Laubaustrieb.

In (fast) allen Farben

Rhododendron bringt Farbe in den Garten. Im Winter schmückt ihn sein immergrünes Blätterkleid, im Frühling weiße, gelbe, rote, lila- und rosafarbene Blüten. Einige haben auch dem Näschen was zu bieten: einen blumig-süßlichen Duft.

- **Sehr intensiv duften** *R. catawbiense* ('Duke of York', 'Rosé Duft') und *R. viscosum* ('Juniduft', 'Sommerduft', 'Karminduft'). Letzterer blüht erst im Frühsommer.
- **Zart duften** die hellrosa oder weißen Blüten von *R. dauricum*. Die Sorte 'April Rose' hat purpurne, gefüllte Blüten.
- **Die sommergrünen Rhododendron-Hybriden** blühen erst Ende Mai: 'Daviesii', 'Goldpracht', 'Goldtopas', 'Fabiola', 'Feuerwerk' und 'Raimunde'.
- **Ab Ende Mai** erscheinen die Blüten der 'Lights'-Serie (*R. prinophyllum*): 'White Lights', 'Mandarin Lights' und 'Rosy Lights'.
- ***R. saluenense*** 'Lavendula' hat einen ganz anderen Reiz. Seine Blätter duften beim Austrieb würzig.
- **Achtung!** Rhododendren brauchen einen Boden-pH-Wert von 4,5 bis 5,2. Verbessern Sie den Boden mit Torf, Laubkompost oder Rhododendronerde.

Ganz in Weiß

- **Der Oster-Schneeball** (*Viburnum × burkwoodii*) duftet für die einen wie Heliotrop, für die anderen fein nach Gewürznelke. Die zunächst rosafarbenen, später weißen Blüten erscheinen schon im März. Eine zweite Blüte gibt es im Herbst.
- **Der Koreanische Schneeball** (*V. carlesii*) hat den intensivsten Duft von allen Schneeball-Arten. Die Levkojen-Note ist bestimmend bei den in der Knospe rosafarbenen, später weißen Blütenständen, die ab April erscheinen.
- **Der Falsche Jasmin** (*Philadelphus coronarius*) blüht von Mai bis Juni. Seine weißen Blüten duften intensiv süß und fruchtig. Die Sorte 'Variegatus' leuchtet mit ihren weißrandigen Blättern die ganze Gartensaison. 'Aureus' treibt im Frühjahr hellgelb aus, später sind die Blätter gelbgrün.

Nicht alle Rhododendren duften. Rhododendron dauricum schon.

Kirschblüten & Magnolien

Japanische Zierkirschen (*Prunus serrulata*) sind die Nationalblüten Japans. Die Sorte 'Amanogawa' wächst säulenförmig etwa sechs Meter in die Höhe. Die einfachen bis halbgefüllten Blüten haben einen leichten Duft. Die langen Blütentrauben der Trauben-Kirsche (*Prunus padus*) duften nach Mandelblüten. Sie erscheinen von April bis Mai.

▸ **Die Purpur-Magnolie** (*Magnolia liliiflora*) blüht gleichzeitig mit dem Laubaustrieb. Die roten Blüten der Sorte 'Holland Red' verströmen ein intensives Zitrus-Aroma.

▸ **Die Blüten der Stern-Magnolie** (*M. stellata*) duften zart fruchtig. Durch ihre frühe Blüte ab März sind sie jedoch spätfrostgefährdet. An einem geschützten Platz wird der Strauch etwa drei Meter hoch.

SMART

Noch mehr Frühlingsboten

- **Die Scheinhasel** (*Corylopsis pauciflora*) blüht mit schlüsselblumengelben Kätzchenblüten, die sogar nach Schlüsselblumen duften.
- **Der Elfenbein-Ginster** (*Cytisus × praecox*) duftet streng-blumig.
- **Die Japanische Skimmie** (*Skimmia japonica* 'Fragrans') verbreitet einen lieblich-süßen Duft. Roter Fruchtschmuck im Herbst.
- **Der Rosmarin-Seidelbast** (*Daphne cneorum* 'Eximia') duftet nach Honig und Nelken. Vorsicht giftig!

Wenn der Flieder wieder blüht

Ein Mai ohne Flieder, das ist undenkbar. Was uns so ins Schwärmen bringt? Alpha-Terpineol. Diese Duftkomponente macht den typischen, süßlich-schweren Fliederduft aus. Der ist je nach Sorte mal zart und leicht, mal stark und intensiv wie bei der dunkelpurpurnen Sorte 'Andenken an Ludwig Späth'. Flieder mit einer Nuance Honig bringt 'City of Toronto'. Gar nicht typisch fliederduftend ist der Chinesische Flieder (*Syringa × chinensis*). Seine bogig überhängenden Rispen duften aber doch süßlich-schwer. Eine Fliederhecke duftet nicht nur wunderbar, sie schützt auch vor neugierigen Blicken. Staudenrabatten leiht sie ihre sattgrünen Blätter gern als Hintergrund.

Farbenspiele

Jahrhundertelang blühte der Flieder (Syringa vulgaris) in einem zarten Fliederblau, später auch in Weiß und Rotviolett. Heute umfasst das Fliedersortiment mehr als 900 Sorten, auch in Rosa, Rot, Magenta, Violett und Hellgelb. Neben den einfach blühenden gibt es gefüllt blühende und zweifarbige Sorten. Einige Sorten verändern während des Blühens ihre Farbe: 'Gabetta' hat lilafarbene Knospen, die sich beim Aufblühen violettblau färben. Die rosafarbenen Knospen der 'Schönen von Moskau' verblassen zu einem reinen Weiß.

- **Einfach blühende Sorten** sind 'Andenken an Ludwig Späth' (dunkelpurpur), 'Mont Blanc' (weiß) und 'Decaisne' (hellblau).
- **Gefüllt blühen** 'Katherine Havemeyer' (blauviolett), 'Madame Lemoine' (weiß) und 'Paul Thirion' (purpurrot).
- **Die hellgelb, fast cremeweiß blühende Sorte** 'Primrose' wächst schwächer als ihre Schwestern, die schon mal die Fünf-Meter-Marke knacken können.
- **Zweifarbige Blüten** bringt 'Sensation' mit purpurnen Blütenblättern und einem silbrigen Saum. 'Michel Buchner' hat gefüllte lilafarbene Blüten, deren Zentrum weiß ist.

Auf Nasenhöhe

Ältere Sträucher öfter auslichten und in der Höhe zurücknehmen. Sonst hängen die duftenden Blütenrispen nicht mehr auf Nasenhöhe, sondern in mehr als drei Meter Höhe. Auch unerreichbar für pflückende Hände.

- **Gut schnittverträglich:** Ältere Pflanzen können im Winter auf die Basis zurückgeschnitten werden, tragen dann aber erst nach zwei Jahren wieder Blüten.

Flieder in Bestform

Flieder blüht am Ende der vorjährigen Triebe. Schneiden Sie Verblühtes direkt nach der Blüte ab. Dann bilden sich neue Blütenknospen fürs kommende Jahr.

Wildtriebe, die an der Basis veredelter Sorten erscheinen, so früh wie möglich entfernen. Sonst überwuchern sie die Sorte sehr schnell.

Ein Sträußchen in Ehren, kann keiner verwehren. Oder zwei, oder drei …

Zwergflieder

▸ **'Palibin'** (*Syringa meyeri*) wird gerade mal einen Meter hoch. Im Mai und Juni zeigen sich die kleinen, aber zahlreichen, duftenden Blütenrispen. In der Knospe sind sie purpurrot, im Aufblühen rosa-weiß. 'Palibin' wächst problemlos in Kübeln.

▸ ***Syringa patula*** 'Miss Kim' zeigt eine burgunderrote Herbstfärbung. Der Strauch wird etwa 1,5 bis 2 Meter hoch.

▸ **Der Kleinblättrige Flieder** 'Superba' (*Syringa microphylla*) hat kleine, eiförmige Blätter und wird etwa 1,5 Meter hoch. Im Mai und Juni öffnen sich die lockeren, rosafarbenen, stark duftenden Blütenrispen. Nach der Hauptblüte bilden sich bis in den Oktober hinein immer wieder neue Blütenrispen.

SMART

Fliedersträußchen …

› **… sind Frühling pur.** Wächst der Flieder im Garten, können Sie sich Ihre eigene Farbmischung zusammenstellen.

› **Damit die Blüten** nicht so schnell schlapp machen, alle Blätter entfernen und die verholzten Zweige kreuzweise einschneiden.

› **Schmücken Sie** die Kaffeetafel oder das Buffet zum Frühlingsbrunch mit kleinen Sträußchen, einem Fliederkränzchen oder einem Fliederherz (siehe Seite 65).

Insekten-Tankstelle

Schmetterlingsmagnet

Sein honigartiger Duft erreicht nicht nur unsere Nasen. Auch die Schmetterlinge finden, dem süßen Duft folgend, Gefallen am Sommerflieder (*Buddleja davidii*). Seine langen, leicht überhängenden Blütenrispen sind ein Treffpunkt, an dem sich Tagpfauenaugen und andere Schmetterlinge zu Hunderten einfinden.

Einmal auftanken: *Tagpfauenaugen am Sommerflieder.*

▸ **Setzen Sie verschiedene Sommerfliedersorten** zusammen in eine Gruppe oder in eine freiwachsende Hecke. In einer Pflanzinsel im Rasen macht er sich gut als Solitärstrauch.

▸ **Sommerflieder** friert im Winter häufig zurück. Triebe daher erst im Frühjahr auf drei Augen zurückschneiden.

▸ **Die Farbpalette** der Sorten ist so groß, dass die Entscheidung schwer fällt: von Weiß (‘Peace’, ‘White Profusion’), Rosa (‘Pink Delight’, ‘Summer Beauty’), Malvenfarben (‘Orchid Beauty’) über Violett (‘African Queen’, ‘Black Knight’), Blauviolett (‘Empire Blue’, ‘Nanho Blue’) bis hin zu Purpurrot (‘Nanho Purple’, ‘Cardinal’).

▸ **Noch robuster** und anspruchsloser ist der Schmalblättrige Sommerflieder (*B. alternifolia*). Die etwa 15 bis 30 Zentimeter langen, lilafarbenen Blütenrispen sitzen dicht an dicht an den bogig überhängenden Zweigen.

Bienenfreude

Den Frühsommer läutet der Pfeifenstrauch (*Philadelphus*) ein. Bienen und andere Insekten finden in seinen Blüten reichlich Nektar. Die sommerblühenden Hybriden bringen aber nicht alle einen intensiven Duft mit sich. Lassen Sie beim Einkauf die Nase entscheiden.

▸ **Klein bleibende Sorten** werden etwa einen Meter hoch und sind wie gemacht für niedrige Blütenhecken: ‘Silberregen’ und ‘Manteau d’Hermine’.

▸ **Mittelhohe Sorten** sind ‘Girandole’ mit gefüllten, mittelstark duftenden Blüten, die intensiv duftende, reich blühende ‘Dame Blanche’ und ‘Belle Étoile’.

▸ **Hohe Sorten** werden bis drei Meter hoch. Sie können einzeln stehen oder in der hinteren Reihe einer Blütenhecke. ‘Schneesturm’ hat gefüllte, intensiv duftende Blütentrauben.

▸ **Der Pfeifenstrauch** braucht kaum geschnitten werden. Lichten Sie höchstens alte, blütenschwache Triebe im Februar aus.

In bester Gesellschaft: rosafarbene Rosen und weißer Pfeifenstrauch.

Noch mehr Sommerblüher

▸ **Die Robinien** 'Pyramidalis' und 'Frisia' (*Robinia pseudoacacia*) werden im Gegensatz zur Art nur etwa 10 bis 15 Meter hoch und haben einen säulenförmigen Wuchs. Von den langen Blütentrauben tragen die Bienen den Akazienhonig ein. Die kleinkronige Sorte 'Umbraculifera' blüht leider nicht.

▸ **Die Kriechende Heckenkirsche** (*Lonicera acuminata*) öffnet ihre cremegelben, süßlich-fruchtig duftenden Blüten im Juni. Ohne Kletterhilfe wächst sie kriechend am Boden. Im Herbst schmückt sie sich mit korallenroten Beeren.

▸ **Der Verschiedenfarbige Rhododendron** (*Rhododendron fortunei* subsp. *discolor*) blüht ab Juni. Die weißen Blüten duften intensiv blumig. Er braucht einen geschützten Platz.

SMART

Lockstoffe für Insekten

› **Blumenmischungen** ersparen Ihnen die lange Suche nach geeigneten Futterpflanzen für Bienen, Hummeln und Co. Hummeln stehen auf tiefe, geschlossene Blüten, wie die von Löwenmäulchen. Bienen lieben Korbblütler aller Art. Schwebfliegen steuern besonders gern Dill an. Schmetterlinge sind nicht besonders wählerisch. Ihre Nachkommen dagegen schon. Sie brauchen spezielle Futterpflanzen.

Lieblich wie die Rose

Denken wir an Rosen, steigt uns sofort der Duft der Damaszener-Rose in die Nase, aus der das berühmte Rosenblütenöl gewonnen wird. Mehr als 500 verschiedenen Duftkomponenten sind darin enthalten. Duftbestimmend sind Citronellol, Geraniol und Damascenon. Doch nicht jede Rose duftet wie die Damaszener-Rose. Haben Sie schon mal an verschiedenen Rosensorten geschnuppert? Das Spektrum reicht von fruchtig, fast zitronig und lieblich-blumig bis hin zu würzig-balsamisch. Ändert sich die chemische Zusammensetzung des ätherischen Öls nur ganz leicht, macht sich das im Rosenduft bemerkbar!

Vormittags genießen

Rosen duften nicht dem Gärtner zur Freude. Sie senden ihren betörenden Duft aus, um Bienen und andere Bestäuber anzulocken. Und das in erster Linie vormittags. Am intensivsten und weitreichendsten duften die Rosen an sonnigen Tagen, wenn die Luftfeuchtigkeit hoch und wenig Wind ist. Nachmittags verzaubern uns noch die Moschus-Rosen und ihre Hybriden mit ihrem würzigen Duft. Andere Rosen lassen jetzt schon nach.

Spazieren Sie doch mal nach einem Regenschauer an Ihren Wein-Rosen (*Rosa rubiginosa*) und Weihrauch-Rosen (*R. primula*) vorbei. Riechen Sie nicht an den Blüten, sondern an den Blättern. Die Wein-Rose duftet fruchtig nach Apfel. Und der Weihrauch-Rose entströmt ein herber Duft.

Rosig und süß

Warm und süßlich, so duftet die 'Rose de Resht'. Verantwortlich dafür sind nur geringste Anteile des Damascenons, etwa zu 0,05 %. Das Erbe der Damaszener-Rosen (*R. × damascena*) findet sich auch in den Portland-Rosen wie 'Madame Boll'. Selbst moderne Rosen, bei denen über mangelnden Duft geklagt wird, bringen intensive Duftnoten hervor, z. B. die Tee-Hybride 'Duftfestival' oder die Tee-Rose 'Rosenresli'. Bei der Hundertblättrigen Rose (*Rosa × centifolia*), der Moschus-Rose (*R. moschata*) und der Alba-Rose (*R. × alba*) bringen Nerol und Linalool eine

Was passt zum Rosenduft?

- **blumig-süß (z. B. 'Madame Boll'): Nelke, Levkoje, Duft-Wicke, Phlox, Falscher Jasmin**
- **würzig-herb (z. B. 'Constance Spry'): Ysop, Katzenminze, Heiligenkraut, Currykraut**
- **fruchtig (z. B. 'Buff Beauty'): Vanilleblume, Duftsteinrich, Schokoladen-Kosmee**
- **zitronig (z.B. 'Colette'): Ananas-Salbei, Zitronen-Thymian, Zitronen-Melisse**

süße Honignote ins Spiel (z. B. 'Félicité Parmentier', 'Felicia').

Herb und würzig

Rosenduft mit einer dunkelherben Note von Sandelholz, Weihrauch, Myrrhe und Gewürzen entsteht durch die Duftbausteine Carvon und Eugenol. Orientalisch duften vor allem die Essig-Rose (*R. gallica*), die Kartoffel-Rose (*R. rugosa*) und die Moos-Rosen (*R.* × *centifolia*). Letztere verdanken ihren Namen den drüsigen Borsten, mit denen Blütenkelch und Blütenstiele besetzt sind (z. B. 'Blanche Moreau'). Die Englische Rose 'Constance Spry' duftet herb nach Myrrhe und Weihrauch, während uns die Beet-Rose 'Viridiflora' und die Tee-Hybride 'Paul Ricard' mit Pfeffer, Nelke, Zimt und Anis auf einen orientalischen Gewürzbasar entführen.

Vormittags duften Rosen besonders intensiv.

SMART

Rosenküche

- **Ernten Sie** die Rosen morgens, sobald der Morgentau getrocknet ist. Vor dem Verarbeiten auf Insekten (z. B. Rapsglanzkäfer) untersuchen.
- **Rosenblütenblätter** abzupfen. Vorsichtig waschen und trocknen.
- **Gut geeignet:** Damaszener-, Bourbon- und Portland-Rosen und die Rambler-Rose 'New Dawn'.

Fruchtig-erfrischend

Gelbe Blüten duften zitronig und orangefarbene nach Aprikose? Erfrischender Duft geht offensichtlich mit spritzigen Farben einher. Verantwortlich dafür ist Citral, das die Rosen intensiv zitronig duften lässt. Eine leichte Zitrus-Note haben die Strauch-Rose 'Colette', die Remontant-Rose 'Ferdinand Pichard' und 'The Pilgrim', eine Englische Rose. Fruchtiger wird's bei der Strauch-Rose 'Versigny' (nach Pfirsich) und den Englischen Rosen 'Golden Celebration' (Erdbeere) und 'Benjamin Britten' (Birne).

Dem Winterblues keine Chance

Planen Sie einige Winterblüher in Ihrer Gartengestaltung ein. Am besten dort, wo Sie auch im Winter etwas davon haben: an der Terrasse, vor dem Wohnzimmer- oder Küchenfenster oder im Vorgarten.

Zaubernuss, Winter-Schneeball, Winter-Jasmin und Co. blühen nur bei mildem Winterwetter. Sinken die Temperaturen unter −15 °C, läuft auch hier nichts mehr. Die Blüte wird dann unterbrochen und nach den frostigen Tagen wieder fortgesetzt. Das macht es auch schwer, den Blütezeitpunkt genau vorherzusagen. Ist der Winter durchgehend zu kalt, öffnen sich die Blüten erst im Frühling.

Der Winter-Schneeball (*Viburnum × bodnantense*) zeigt oft schon im November seine dichten, rosafarbenen Blütenbüschel. Der süße Duft reicht besonders weit.

Beales Mahonie (*Mahonia bealei*) ist nicht zu verwechseln mit der Gewöhnlichen Mahonie. Die hellgelben, bis zu 20 cm langen, aufrechten Blütenrispen verströmen ab Februar einen intensiven, süßlichen Duft.

Der Kletterer *Lonicera* × *purpusii* 'Winter Beauty' öffnet seine duftenden Glockenblüten von Dezember bis Januar.

1 ◂ **Die Zaubernuss** (*Hamamelis × intermedia*) besticht gleich mehrfach: Ab November öffnen sich kleine, angenehm duftende Blüten und im Herbst färbt sich das Laub rot und goldgelb. An sehr kalten Tagen rollen sich die Blütenblätter ein. Die Farbvielfalt reicht von Rot ('Jelena', 'Feuerzauber'), über Dunkelorange ('Ruby Glow') bis hin zu leuchtendem Gelb ('Barmstedt's Gold', 'Palida') und Hellgelb ('Primavera').

▸ **Wie kleine Sonnen** leuchten die Blüten des Winter-Jasmins (*Jasminum nudiflorum*) ab Dezember. Je nach Witterungsverlauf blüht er bis in den April. Wird es ihm zu kalt, bricht er die begonnene Blüte ab und wartet auf mildere Zeiten. Seine Blüten duften zwar nicht so intensiv wie die des Echten Jasmins, aber immer noch wahrnehmbar süßlich. Um aufrecht wachsen zu können, braucht der Winter-Jasmin eine Kletterhilfe. Sonst wächst er wie ein Bodendecker.

2

3

◂ **Die mit der gelb blühenden Forsythie** verwandte Schneeforsythie (*Abeliophyllum distichum*, im Bild) ist zwar winterhart. Die Blüten, die ab März erscheinen, sollten jedoch vor Frost geschützt werden. Den weißen, rosa überhauchten Blüten entströmt ein süßer, intensiver Duft, der an Mandelblüten erinnert. Die weißen Blüten der strauchförmigen Duft-Heckenkirsche (*Lonicera fragrantissima*) dagegen duften fruchtig-säuerlich. Sie blühen von Januar bis März. Vor einer Backsteinmauer wirken die weißen Blüten sehr lebendig.

Duftender Wandteppich

Biedermeier-Charme

Im Biedermeier schwärmten die Dichter von der Geißblattlaube. Und Liebespaare hatten hier ihr Stelldichein. Besonders am Abend verbreitet das Geißblatt seinen honigsüßen Duft, mit dem vor allem Nachtfalter angelockt werden. Genießer

Die Akebie blüht nur in milden Frühjahren.

pflanzen den Kletterer in Sitzplatznähe, an Lauben oder an Laubengängen. Doch Augen auf beim Einkauf! Nicht jede Geißblatt-Art duftet auch.

- **Jelängerjelieber** oder das Echte Geißblatt (*Lonicera caprifolium*) blüht ab Juli mit gelb-weißen Röhrenblüten. Die Pflanzen vertragen einen kalkhaltigen Boden.
- **Das Wald-Geißblatt** (*L. periclymenum*) braucht dagegen einen schwach sauren bis sauren Boden. Ab Mai öffnen sich die gelblich weißen, rot überhauchten Blüten.
- **Das Japanische Geißblatt** (*L. japonica*) blüht ab Juni intensiv süßlich-fruchtig.
- **Als Waldbewohner** braucht das Geißblatt einen kühlen, schattigen Wurzelbereich. Pflanzen Sie flachwurzelnde Stauden zu seinen Füßen.

Geheimtipp

Die Akebie (*Akebia quinata*) ist in unseren Gärten noch gar nicht so verbreitet, dabei ist sie ganz unkompliziert. Sie wächst auf jedem nährstoffreichen Boden und verträgt Sonne und Halbschatten. In Weinbaugebieten entwickeln sich aus den Blüten sogar gurkenähnliche, hellviolette Früchte.

- **Schokoladenwein,** so wird die Akebie auch genannt. Nur duftet sie nicht wie die Schokoladen-Kosmee kräftig nach Schokolade, sondern eher nach Gewürzen. Manche riechen auch Vanille- und Erdbeer-Aromen heraus.
- **Spannend sind die Blütentrauben,** die sich ab Mai öffnen. Schauen Sie einmal genau hin: Die unteren Blüten sind etwa 3 cm groß und purpurn gefärbt. Das sind die weiblichen Blüten. Die männlichen Pendants sitzen darüber. Sie sind nur etwa 1 cm groß und rosafarben.
- **Die Blüten** sind spätfrostgefährdet.

Rosenkavaliere

So könnte man die großblumigen *Clematis*-Hybriden nennen, die im Garten häufig mit Kletterrosen verbandelt werden. Dass sie nicht duften, fällt bei dem üppigen Rosenbouquet gar nicht auf. Doch in der großen *Clematis*-Familie finden sich auch einige Arten, deren Blüten süßlich duften.

Die Italienische Waldrebe (*C. viticella*) hat zarte, purpurrosa bis violett gefärbte Blüten, die im August erscheinen. Sie duften nach Jasmin.

Die Berg-Waldrebe (*C. montana*) ist im Mai über und über mit großen, weißen Blüten bedeckt. Im Duft sind Anklänge von Vanille zu erkennen. Die Sorte 'Wilsonii' soll sogar Schokoholics verführen können, mit dem Duft nach heißer Schokolade. 'Tetrarosa' hat große, lilarosa Blüten.

Clematis × triternata, eine Hybride der beiden, duftet nach Mandeln.

Wie das Geißblatt brauchen auch die Waldreben einen kühlen, schattigen Wurzelbereich.

SMART

Jasminduftend …

… sind die weißen, sternförmigen Blüten des Chinesischen Sternjasmins (*Trachelospermum jasminoides*). Die immergrüne Kletterpflanze braucht einen sonnigen bis leicht schattigen Platz auf der Terrasse oder im Wintergarten. Hell und kühl überwintern. Die Sorte 'Stars of Toscane' blüht gelb.

Duftendes Jelängerjelieber umrankt munter das Gartentor.

Blauer Blütenregen

Die blauvioletten Blüten des Blauregens kommen am besten an Lauben und Pergolen zur Geltung. Hier können die bis zu 50 cm langen Trauben des Japanischen Blauregens (*Wisteria floribunda*) frei herunterhängen. Die Blütenstände des Chinesischen Blauregens (*W. sinensis*) sind kompakter und etwa 30 cm lang. Ab Mai verströmen sie einen leichten Duft, der an Vanille erinnert.

Die starkwüchsigen Kletterer können gebremst werden, wenn im Hochsommer die überzähligen, langen Triebe auf wenige Augen eingekürzt werden. Das fördert auch die Blütenbildung.

Sie gedeihen an einem warmen, sonnigen Standort. Im Sommer darf der Boden nicht austrocknen.

Raritäten

Gewürzstrauch und Losbaum mit ihren hübschen, duftenden Blüten sind in unseren Gärten noch nicht weit verbreitet. Dass es nicht immer nur die Blüten sind, die unsere Sinne betören, zeigt der Katsurabaum. Dessen Blätter verführen uns im Herbst mit einem einzigartigen Duft.

Exotische Kleinode

▸ **Der Losbaum** (*Clerodendrum trichotomum*) öffnet seine weißen, etwa 3 cm großen Blüten erst ab August. Der zwei bis drei Meter hohe Solitärstrauch bevorzugt warme, sonnige Lagen. An weniger günstigen Standorten braucht er im Winter eine schützende Mulchdecke im Wurzelbereich. Die Unterart *C. trichotomum* var. *fargesii* ist frosthärter.

▸ **Der Sieben-Söhne-des-Himmels-Baum** (*Heptacodium jasminoides*) öffnet seine weißen, stark duftenden Blüten auch erst im Spätsommer. Er ist ausreichend frosthart.

▸ **Burkwoods Duftblüte** (*Osmanthus × burkwoodii*) braucht einen windgeschützten, warmen Platz in Sonne oder Halbschatten. Der etwa zwei Meter hohe, immergrüne Strauch blüht ab April. Die kleinen, weißen Blüten sitzen in kleinen Büscheln in den Blattachseln.

▸ **Die Stachelblättrige Duftblüte** (*O. heterophyllus*) ist frostempfindlicher. In rauen Gegenden wird sie als Kübelpflanze gehalten. Mit ihren dornig gezähnten, immergrünen Blättern erinnert sie an eine Stechpalme (*Ilex*) und kann wie diese im Garten verwendet werden. Der bis zu 4 Meter hohe Strauch blüht erst im September.

SMART

Dufte Früchte & Co.

- **Die Früchte von Quitten** (*Cydonia oblonga*) und Scheinquitten (*Chaenomeles japonica*) sind sehr wohlriechend.
- **Zerriebene Blätter** des Lebensbaums (*Thuja occidentalis*) duften nach Apfelmus und Gewürznelke.
- **Die Wurzeln** von *Iris germanica* 'Florentina' duften nach Veilchen.
- **Knospen und Blätter** der Balsam-Pappel (*Populus balsamifera*) duften nach Kiefernnadeln.

Die filigranen Blüten des Gewürzstrauchs duften am Abend.

In der Nähe des Katsurabaums duftet's nach Kuchen, aber nur im Herbst.

Die weißen Blüten duften nach Jasmin mit einer fruchtigen Note.

Kuchenduft

Beim Katsurabaum (*Cercidiphyllum japonicum*) stehen nicht die Blüten im Duftmittelpunkt. Die sind eher unscheinbar. Wenn sich die mattgrünen, rundlich-herzförmigen Blätter im Herbst goldgelb bis orange verfärben, dann entsteigt ihnen ein weitreichender aromatischer Kuchenduft. Darum wird der bis zu 15 Meter hohe Katsurabaum auch Kuchenbaum genannt. Der zart bronzefarbene Austrieb zeigt sich früh im Jahr und ist spätfrostgefährdet.

▸ **Der langsam wachsende Katsurabaum** kann als Solitärgehölz oder in einer freiwachsenden Hecke verwendet werden.

Außergewöhnliche Blüten

An lauen Frühsommerabenden streicht ein intensiver aromatischer Duft durch den Garten, der oft nicht lokalisiert werden kann. Er kommt von den mahagoniroten, an Seerosenblüten erinnernden Blüten des Echten Gewürzstrauchs (*Calycanthus floridus*). Auch Blätter, Wurzeln und Rinde enthalten aromatische ätherische Öle, duften aber nicht ganz so intensiv.

▸ **Der Echte Gewürzstrauch** muss im Garten nicht im Mittelpunkt stehen. Nach der Blüte ist er nicht mehr sonderlich attraktiv. Als Unterholz in lockeren Baumgruppen oder in einer freiwachsenden Hecke ist er am besten aufgehoben.

▸ **Der anspruchslose Strauch** wird etwa drei Meter hoch und wächst auf fast allen frischen Gartenböden.

Duft-Oasen

Setzen Sie gezielt Duftpflanzen in der Gartengestaltung ein: niedrige Lavendel- oder Currykrauthecken zur Beeteinfassung, Zierquitten als Wegbegleiter im Vorgarten, hohe Fliederhecken als Gartengrenze, Rosenbögen, Geißblattlauben oder Blauregen als Fassadenschmuck.

Duftende Grenzen

Niedrige Hecken aus nur einer Art passen in kleine Gärten oder Vorgärten. Zierquitten (*Chaenomeles japonica*), niedrige Philadelphus-Sorten, kleine Strauch-Rosen (z. B. *Rosa* × *alba, R.* × *centifolia*) oder Gold-Johannisbeeren (*Ribes aureum*) flankieren den Hauptweg oder bilden einen blühenden Zaun zur Straße hin.

Die luftigen Rosenbögen nehmen dem formalen Weg die Strenge.

Etwas mehr Platz nehmen die freiwachsenden Hecken ein. Man geht von etwa drei bis fünf Metern in der Breite aus. In ihnen wachsen Kleinbäume wie der Katsurabaum (*Cercidiphyllum*), Großsträucher wie der Flieder (*Syringa*) und kleine Sträucher wie Falscher Jasmin (*Philadelphus*).

- **Schaffen Sie** ganzjährig Höhepunkte: Blütenschleier im Frühling und Sommer, Fruchtschmuck und buntes Laub im Herbst. In einer Dufthecke können auch Sträucher ohne bestechenden Duft stehen.
- **Schmaler** wird die Hecke, wenn Sie nur Kleinsträucher verwenden (etwa 2,5 Meter breit).
- **Duftende und fruchttragende** Raumteiler sind Spaliere aus Äpfeln, Birnen und Kirschen.
- **Lockern Sie** eine geschnittene Hecke aus Eiben und Lebensbäumen mit Duftsträuchern auf.

Duft-Bogen

Ein Spaziergang unter duftenden Kletterrosen ist wie eine Dusche. Sie befreit uns von Alltagssorgen und bringt Entspannung. Ein Laubengang kann aus mehreren

SMART

Fassadenkletterer ...

- **... halten sich** an Spanndrähten, Rankgittern oder Holzspalieren fest. Die Kletterhilfen mit Dübeln und Schrauben oder Haken an der Wand befestigen. Halten Sie mit Abstandshaltern etwa 5 bis 10 cm Abstand zur Wand, damit die Ranken und Triebe locker um die Stützen herumwachsen können.
- **Setzen Sie** Ihre Konstruktionen auf ein 80 cm tiefes, frostfrei gegründetes Fundament. So bleiben sie dauerhaft standfest.

Eine freiwachsende Hecke aus Sommerflieder lockt zahlreiche Insekten an.

hintereinander stehenden Metallbögen oder aus Holzelementen bestehen, die eine Pergola bilden. Wichtig ist, die Größe und auch das Gewicht der Kletterpflanzen zu bedenken. Geißblatt, *Clematis* und Kletterrosen kommen gut mit leichten Metallgerüsten zurecht. Blauregen wird dagegen im Alter recht schwer. Dann ist eine stabile Konstruktion aus Holz oder Metall besser, auf die sich der Blauregen stützen kann.

- **Einzelne Bögen** aus Metall oder Holz rahmen Eingänge ein, sei es der Garteneingang oder der Zugang zu einem Gartenzimmer.
- **Hintereinander stehende Bögen** können mit Netzen oder Spanndrähten verbunden werden.
- **An freistehenden Säulen** kommen *Clematis*, Kletterrosen und Geißblatt gut zur Geltung. Einzeln, in Reihen oder als Höhepunkt in einer Staudenrabatte.

Duft-Laube

Lauben mit einem duftenden Blütenschleier aus *Clematis*, Geißblatt oder Rosen sind sehr romantisch. Hier können Sie sich nach einem hektischen Tag mit spannender Lektüre und einem Glas Rotwein zurückziehen. Oder, wenn mehr Platz unter der Blütenlaube ist, stilvoll zur Kaffeerunde oder zum Candlelight-Dinner laden.

Luftig und leicht, so wirken Lauben und Pavillons aus filigranen Metallstreben. Sind sie aus rustikalem Holz, passen sie gut in naturnahe Gärten und Bauerngärten.

- **Rücken Sie die Laube** oder den Pavillon so weit wie möglich weg vom Haus. Das schafft einen Gegenpol zum Wohnhaus.

Infoecke

Hier gibt's was auf die Nase

Kräuter & Duftstauden
Rühlemann's Kräuter & Duftpflanzen, Auf dem Berg 2, 27367 Horstedt
www.ruehlemanns.de

Staudengärtnerei Dieter Gaissmayer, Jungviehweide 3, 89257 Illertissen
www.staudengaissmayer.de

Raritätengärtnerei Treml
Eckerstrasse 32,
93471 Arnbruck
www.pflanzentreml.de

Syringa Duftpflanzen und Kräuter, Bachstr. 7,
78247 Hilzingen-Binningen
www.syringa-samen.de

Rhododendron
Baumschule Hachmann
Brunnenstr. 68,
25355 Barmstedt
www.hachmann.de

Rosen
Kordes Rosen,
Rosenstr. 54,
25365 Klein Offenseth-Sparrieshoop
www.rosen-kordes.com

Rosenhof Schultheis
Bad Nauheimer Str. 3–7,
61231 Bad Nauheim/Steinfurth
www.rosenhof-schultheis.de

Zur Autorin

Natalie Faßmann ist promovierte Gartenbauwissenschaftlerin und arbeitet für die „GartenZeitung". Sie ist Autorin mehrerer Gartenbücher. Duftpflanzen sind für sie das i-Tüpfelchen im Garten und auf Balkonien.

Haftung

Die in diesem Buch enthaltenen Empfehlungen und Angaben sind von der Autorin mit größter Sorgfalt zusammengestellt und geprüft worden. Eine Garantie für die Richtigkeit der Angaben kann aber nicht gegeben werden. Autor und Verlag übernehmen keinerlei Haftung für Schäden und Unfälle.

Moskito-Schocker & Verpiss-dich-Pflanze, Duftpelargonien
Stegmeier Gartenbau,
Unteres Dorf 7,
73457 Essingen
www.gaertnerei-stegmeier.de

Flieder
Baumschule Roßkamp
Borbecker Weg 6/Borbeckerfeld, 26215 Wiefelstede
www.baumschule-rosskamp.de

Sommerblumen, Blumenzwiebeln
Bruno Nebelung GmbH & Co.
Freckenhorster Str. 32,
48351 Everswinkel
www.kiepenkerl.de

Samentraum Gassmann
Alter Pfarrhof,
Friedhofsstr. 5,
27321 Vulmstorf
www.samentraum.de
(mit englischem Sortiment)

Bildquellen

Beck, Manuela: S. 40
B.Grossmann-Fotolia.com: U4 li., S. 53
Botanikfoto/Steffen Hauser: S. 14, 16, 41 re.
emer-Fotolia.com: S. 8, 50
Faßmann, Natalie: S. 35 u.
Flora Press: S. 5, 17, 19, 24, 34, 49, 62 re., 62 li., 63 li., 63 re., 64, 65 o., 65 u. re., 65 u. li.; Flora Press/Helga Noack: S. 28, 29; Flora Press/Otmar Diez: S. 33
Flora Press/Visions: S. 9, 39
Frédéric Georgel-Fotolia.com: S. 32
GAP Photos/Carole Drake: S. 55 u.; GAP Photos/Clive Nichols_Design: del Buono Gazerwitz, Spencer: S. 26; GAP Photos/FhF Greenmedia: S. 11; GAP Photos/Heather Edwards: S. 59; GAP Photos/Howard Rice: S. 56; GAP Photos/Jerry Harpur: S. 21, 61; GAP Photos/J S Sira: S. 43; GAP Photos/Jonathan Buckley: S. 42; GAP Photos/Leigh Clapp: Titelbild; GAP Photos/Lynn Keddie: S. 6; GAP Photos/Lynne Brotchie: S. 44; GAP Photos/Neil Holmes: S. 3, 55 o.; GAP Photos/Pernilla Bergdahl: S. 22
GünterReiner-Fotolia.com: S. 46
iStockphotos/earthmandala: S. 36; iStockphoto/fotolinchen: U4 re., S. 37; iStockphoto/LucyFink: S. 20; iStockphoto/pr2is: S. 60; iStockphoto/verity johnson: S. 57
Morell, Eberhard/Foto-Morell: S. 15 re.
Natalya Korolevskaya-Fotolia.com: S. 35 o.
osiris59-Fotolia.com: S. 58
photolibrary/botanica/Weill Rachel: S. 4; photolibrary/Garden Pix LTD: S. 25; photolibrary/Mark Bolton: S. 51
pixelio/Andreas Mäsing: S. 54; pixelio/Betty: S. 10
Rühlemann's/Christian H. Willner: S. 15 Mi., 41 li.
Serg Zastavkin-Fotolia.com: S. 47
Silvia Bogdanski-Fotolia.com: S. 31
Staudengärtnerei Gaissmayer: S. 15 li., 41 Mi.
Strauß, Friedrich: S. 13, 23

Impressum

Bibliografische Information der Deutschen Nationalbibliothek
Die Deutsche Nationalbibliothek verzeichnet diese Publikation in der Deutschen Nationalbibliografie; detaillierte bibliografische Daten sind im Internet über http://dnb.d-nb.de abrufbar.

Wollgrasweg 41, 70599 Stuttgart (Hohenheim)
E-Mail: info@ulmer.de
Internet: www.ulmer.de
Lektorat: Doris Kowalzik
Umschlag- und Innengestaltung: X-Design, München
DTP: juhu media, Susanne Dölz, Bad Vilbel
Druck und Bindung: Litotipografia Alcione, Lavis
Printed in Italy

ISBN 978-3-8001-5917-8

Zum Weiterlesen

Burkhard Bohne: Taschenatlas Küchenkräuter. Verlag Eugen Ulmer, 2008.

Ursel Bühring: Blütenküche. Verlag Eugen Ulmer, 2009.

Ursel Bühring: Alles über Heilpflanzen. Verlag Eugen Ulmer, 2007.

Brigitte Kleinod, Friedhelm Strickler: Minze. Verlag Eugen Ulmer, 2006.

Georg Schwedt: Betörende Düfte, sinnliche Aromen. Wiley-VHC, 2008.

Klaus-Jürgen Strobel: Alles über Rosen. Verlag Eugen Ulmer, 2006.

Einladung zum Gartenfest

Ist die Freiluftsaison eröffnet, werden die Gartenmöbel rausgeschafft und es wird draußen gegessen und gefeiert. Mit duftenden Blüten und aromatischen Kräutern kreieren Sie eine stimmungsvolle Tischdekoration für Ihr Gartenfest.

Feste soll man feiern, wie sie fallen, heißt es. Und es gibt nichts Schöneres, als das im Garten zu tun. Ein liebevoll dekorierter Tisch mit Blumensträußen, Tischgirlanden, Kräuterkränzen oder duftenden Serviettenringen ist das A und O einer Einladung. Pflücken Sie im Frühling Flieder und arrangieren Sie ihn zu Sträußen oder binden Sie ein Fliederherz. Fädeln Sie Rhododendron- oder Pfingstrosenblüten auf einen Golddraht und legen Sie die Blütengirlande auf die Tischmitte. Im Sommer sind Rosen, Sommerblumen und Kräuter die bevorzugten Bastelobjekte. Und im Herbst, da gibt es duftende Äpfel und Quitten. Für eine Grillparty binden Sie aus Salbei-, Oregano-, Rosmarin- und Thymianbündeln einen Kräuterkranz. Stellen Sie auch gleich noch ein paar der Mittelmeerkräuter auf eine Blumentreppe an den Tisch. So kann der Grillmeister sich die Kräuter frisch vom Strauch holen.

1

◂ **Einladung zur Kräuter-Gartenparty:** Zu dem rustikalen, rot-weiß karierten Läufer wurden passend Besteck und Servietten gewählt. Raffen Sie die Servietten mit einer Kordel und stecken Sie ein Kräutersträußchen in die Mitte. Stellen Sie dem rustikalen Motto folgend kleine Wassergläser mit Sträußchen aus Minze und Kamille in die Tischmitte. Die Kräuter für die Tischdekoration erst kurz vor Partybeginn schneiden. Länger haltbar sind kleine Kräutertöpfe in hübschen Übertöpfen.